广东省“汉语言文字学”特色重点学科建设丛书

语言服务书系·现代汉语研究

汉语词法学

马显彬 著

暨南大學出版社
JINAN UNIVERSITY PRESS

中国·广州

图书在版编目（CIP）数据

汉语词法学／马显彬著．—广州：暨南大学出版社，2015.12
（语言服务书系·现代汉语研究）
ISBN 978－7－5668－1697－9

Ⅰ.①汉…　Ⅱ.①马…　Ⅲ.①汉语—词汇—研究　Ⅳ.①H13

中国版本图书馆CIP数据核字（2015）第290623号

……………………………………………………………………………

汉语词法学
著　　者：马显彬

出 版 人：徐义雄
策划编辑：杜小陆　刘　晶
责任编辑：焦　婕
责任校对：姚荇姝　李林达
责任印制：汤慧君　周一丹
地　　址：中国广州暨南大学
电　　话：总编室（8620）85221601
营销部（8620）85225284　85228291　85228292（邮购）
传　　真：（8620）85221583（办公室）　85223774（营销部）
邮　　编：510630
网　　址：http：//www.jnupress.com　http：//press.jnu.edu.cn
排　　版：广州良弓广告有限公司
印　　刷：佛山市浩文彩色印刷有限公司
开　　本：787mm×960mm　1/16
印　　张：13
字　　数：248千
版　　次：2015年12月第1版
印　　次：2015年12月第1次
定　　价：33.80元

前　言

本人多年来一直从事现代汉语教学与研究，积累了一些体会，本书正是在此基础上写成的，可以作为语文教师、学生考研以及现代汉语语法教学与研究的参考书。

汉语词法在汉语整个语法中占有很重要的地位，是句法学习的基础。熟练掌握汉语词法，对于进一步学习句法有着至关重要的作用，所以，本人产生了撰写《汉语词法学》的想法。

汉语词法有它的特殊性与复杂性，要对汉语词法进行整体描述需要很深的功力。由于本人才疏学浅，书中难免有考虑不周之处，在此敬请广大读者指正并谅解。联系方式：mxb986@163.com。

本书在写作过程中参考了一些他人的研究成果及相关资料，在此一并表示感谢。

马显彬

2015 年 8 月

目　录

第一章　语素与构词法

第一节　语素与词

一、语素与汉字

（一）语素与词素

语素就是词的构成要素，最初称为词素，后来有人称为语素。不管是词素还是语素，都来源于美国描写语言学流派，是对 morpheme 翻译的结果。morpheme 曾有三个译名：形素、词素、语素。形素指一个词里边的形态成分，相当于表示实在意义的 semanteme（语义）；词素指一个词的组成部分，包括意义空虚和实在的成分；语素指最小的有音有义的语言单位，不管它是词还是词的部分。

布龙菲尔德（Leonard Bloomfield）首先使用“替换法”研究音位学，他认为语素是由音位或音位的组合构成的，而全部语素就构成了一种语言的词汇。1933年布龙菲尔德在其著作《语言论》中就提到了语素（或者词素），他说①：

> 任何一个说英语的人，如果他有意来分析语言形式，他会肯定地告诉我们：Poor John ran away 的直接成分（immediate constituent）是 Poor John 和 ran away 这两个形式；而这两个形式又各自是一个复合式；ran away 的直接成分是语素 ran 和复合形式 away，后者的成分是语素 a-和 way；Poor John 的直接成分是语素 Poor 和 John。

他强调：“只有用这种方法分析，才能得出最终的语素成分的正确分析（就是把意义也考虑在内）。”

---

① ［美］布龙菲尔德. 语言论［M］. 袁家骅等译. 北京：商务印书馆，1980. 196.

20世纪40年代初，陈望道就使用了语素一词："假使构成新语的语素各各可以独立的，所成的语就是合成语；假使构成新语的语素，有一成素不能独立的，所成的语便是推出语。"① 但从20世纪50年代开始，大家渐渐习惯使用词素一词。张寿康《关于汉语构词法》就用了"词素"，并把词素分为实词素和虚词素②。陆志韦等所著的《汉语的构词法》也使用了词素这个概念③。

1958年吕叔湘指出④：

> 语言的两个最基本的单位是"音素"和"语素"。用"语素"做morpheme的译名，是朱德熙先生的建议。……事实上，语素是比词更加基本的东西。在好些语言，也许是多数语言里，要决定一个语言片段里边有多少个词相当困难，而把这个片段直接分析成语素倒比较容易，并且不用"词"这个概念也能把这个语言的结构说清楚。

1961年朱德熙指出⑤：

> 我们把morpheme译为"语素"。流行的译名是"词素"。morpheme有两种涵义：或指词内部的有意义的组成成分（词根、词头、词尾等等），或指最小的、有意义的语言单位。就前一种涵义说，译作"词素"是合适的，就后一种涵义说，译作"词素"会让人感到先有词，从词里头再分析出"词素"来。本文所谓"语素"，指后一种意义上的morpheme。

从20世纪50年代到80年代，高校相关教材主要使用"词素"。例如：杨欣安的《现代汉语》、北京师范大学中国语言文学系编写的《汉语讲义》、高明凯和石安石的《语言学概论》、胡裕树的《现代汉语》、黄伯荣和廖序东的《现代汉语》、张静的《新编现代汉语》。周一农列举了一些学者的观点，黎锦熙、刘世儒《汉语语法教材》："词素是构成复合词的最小单位的总称。"北京大学语言教研室《语言学基础》："词素是构成词的具有一定意义的最小单位。"《语法和语法教学》："词素是词具有意义的构词单位。"⑥

1979年吕叔湘在《汉语语法分析问题》中说⑦：

---

① 陈望道．中国文法革新论丛［M］．北京：中华书局，1958.187.

② 张寿康．语法和语法教学［M］．北京：人民教育出版社，1956.90.

③ 陆志韦等．汉语的构词法［M］．北京：科学出版社，1957.

④ 吕叔湘．语言和语言学［J］．语文学习，1958（2－3）．转引：杨锡彭．汉语语素论［M］．南京：南京大学出版社，2003.7.

⑤ 朱德熙．说"的"［J］．中国语文，1961（12）．转引：杨锡彭．汉语语素论［M］．南京：南京大学出版社，2003.8.

⑥ 周一农．谈语素与词素之别［J］．丽水师范专科学校学报，1983（1）：102～104.

⑦ 吕叔湘．汉语语法分析问题［M］．北京：商务印书馆，1979.15.

> 语素可以定义为最小的语音语义结合体。也可以拿“词素”做最小的单位，只包括不能单独成为词的语素。比较起来，用语素好些。因为语素的划分可以先于词的划分，词素的划分必得后于词的划分，而汉语的词的划分是问题比较多的。

直到20世纪80年代开始才逐渐改用“语素”一词。1983年胡裕树的《现代汉语》和黄伯荣和廖序东的《现代汉语》分别把词素改成了语素。就今天来看，各类教材基本上都使用“语素”了。例如：张斌的《新编现代汉语》（第二版）、陆俭明的《现代汉语》、邢福义的《现代汉语》、邵敬敏的《现代汉语通论》（第二版）、张谊生《现代汉语》。

应该说，词素更通俗易懂，但是由于它自身存在的理解上的问题，而且概念与词有交叉，所以，我们也采用“语素”一词。

（二）语素

关于语素的概念各类主要教材中表述如下：

> 张斌：语素是语言中最小的音义结合体，是能够区别意义的最小的语言单位。①
>
> 陆俭明：语素是音义结合的最小语言单位。②
>
> 邢福义：语素是最小的音义结合体。③
>
> 邵敬敏：语素是音义相结合的最小的语言单位。④
>
> 张谊生：语素是语音和语义相结合的最小语言单位。⑤
>
> 黄伯荣、李炜：语素是语言中最小的音义结合体。⑥

这些表述存在两个问题：

第一，“音义结合的最小语言单位”这样的表述不太明确。语言单位有很多，这种提法容易让人误解。语素是构词的结构单位，词是构成短语或者句子的结构单位，短语是构成句子的结构单位。

第二，没有说明语素与词的关系，语素显然是为词而设的，应该讲明它与词的关系。

---

① 张斌．新编现代汉语（第二版）［M］．上海：复旦大学出版社，2008. 149.
② 陆俭明．现代汉语［M］．北京：北京师范大学出版社，2012. 65.
③ 邢福义．现代汉语［M］．北京：高等教育出版社，2011. 160.
④ 邵敬敏．现代汉语通论（第二版）［M］．上海：上海教育出版社，2009. 112.
⑤ 张谊生．现代汉语［M］．北京：中国人民大学出版社，2013. 169.
⑥ 黄伯荣，李炜．现代汉语（上册）［M］．北京：北京大学出版社，2012. 163.

所以，语素是音义统一的构词的最小结构单位。例如：

句子：英勇的军队彻底打败了敌人的进攻。

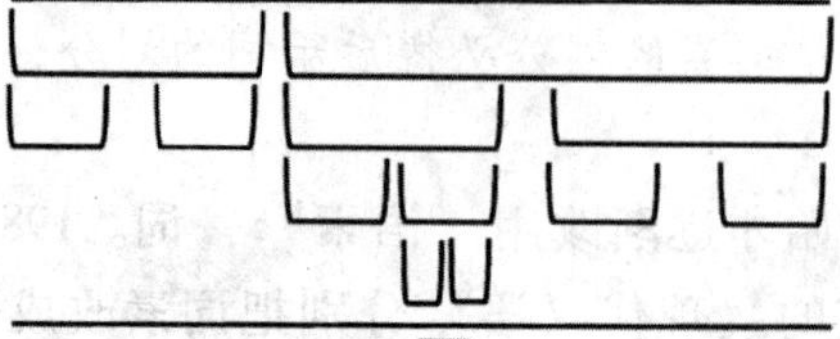

词：英勇+的+军队+彻底+打+败+了+敌人+的+进攻

语素：英+勇+的+军+队+彻+底+打+败+了+敌+人+的+进+攻

“英勇的军队彻底打败了敌人的进攻”是一个句子，它由十个词组成，最终得到有音有义的十五个语素。从结构上看，这些语素已经是最小的结构单位了，无法进一步往下分析。

再如词语：

【天】天空。

【工人】个人不占有生产资料，依靠工资为生的工业劳动或手工劳动者。

【报纸】以报道新闻为主的一种新闻媒体。

【数量词】数词与量词合用时候的合称。

语素分析：

【天】 = 天［tiān + 天空］，1 个语素

【工人】 = 工［gōng + 做工］ + 人［rén + 劳动者］，2 个语素

【报纸】 = 报［bào + 报道］ + ［zhǐ + 纸张］，2 个语素

【数量词】 = 数［shù + 数词］ + 量［liàng + 量词］ + 词［cí + 词语］，3 个语素

构成语素的两个条件：

（1）语音：必须是一个音节以上。

音节从结构上还可以继续往下切分，得到音素，音素才是最小的语音单位。但是音素有音无义，对汉语来讲，可能有意义的语音单位是音节，一个汉字往往就是一个音节，因此，我们判断一个词由几个语素构成，就是判断哪些音节有意义，哪些音节没有意义，进而最终落实到汉字上面，判断哪个汉字有意义，哪个汉字没有意义。也就是说，语素至少是一个音节，一个汉字。例如，“言”是一个音节，“摩托”是两个音节，“盘尼西林”（青霉素）是四个音节。

(2) 语义：必须有意义。

分解出来的汉字或者汉字组必须有意义，而且其意义还必须与该词的词义有关联，否则该汉字或者该汉字组不能确定为语素。例如：

【蝙蝠】泛指所有属于翼手目的许多种哺乳动物，夜间在空中飞翔，吃蚊、蛾等昆虫，靠本身发出的超声波来引导飞行。

【马虎】漫不经心，不介意，疏忽，轻率。

【巧克力】以可可粉为主要原料，加糖和香料等制成的食品。

语素分析：

【蝙蝠】=蝙［biān+无字义］+蝠［fú+无字义］，1个语素

【马虎】=马［mǎ+有字义但无关联］+虎［hu+有字义但无关联］，1个语素

【巧克力】=巧［qiǎo+有字义但无关联］+克［kè+有字义但无关联］+力［lì+有字义但无关联］，1个语素

“蝙蝠”两个字都是无义字。汉语中，大概有5%左右的汉字是没有字义的，它们彼此之间必须组合在一起才能表达意义，这类汉字称为无义字。又如：

【玻璃】指一种人工制造的质地硬而脆的透明物体。

【魍魉】传说中的一种鬼怪。

【蜻蜓】长有复眼，头部大，触角短小，腹部细长，长有四只窄长带网状脉的翅，颚粗壮，属于对人完全无害而有益的昆虫。

这些词语中的汉字都是无义字，每个词语都只是一个语素。

另外，意义=词汇意义+语法意义。有的语素既有词汇意义，又有语法意义。例如：“死”的词汇意义是生命结束；语法意义为动词，可以充当谓语等。有的语素只有语法意义。例如：语气词“吗”没有词汇意义，仅表示语气，属语法意义。所以，只要具备其中一个意义即可判断其为语素，汉语虚词也可以进行语素分析。

分析语素的意义实际上是分析它的语素义，几个语素加合在一起，可以构成词。但是词义并不是语素义的机械相加，一般来讲，词义比语素义要丰富得多，几个语素义组成的词义比语素义本身要丰富、完善得多。由一个语素构成的词，其语素义等于词义。

这样，我们可以把语素概括为：

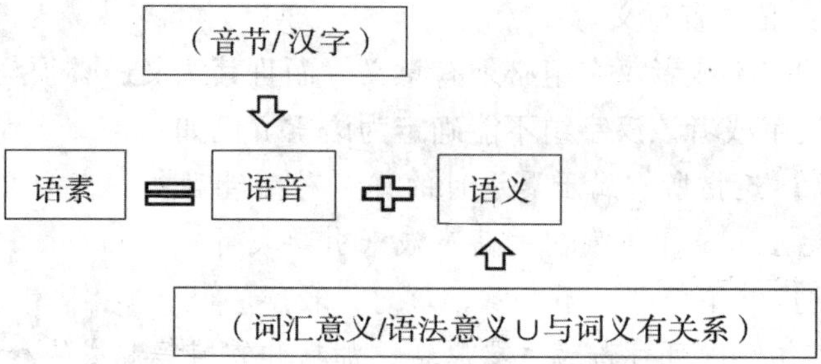

图1－1　语素概念示意图

有时候一个汉字即一个语素，例如：人、民、画、言，就分别是一个汉字，也是一个语素，有时几个汉字即一个语素，如葡萄、沙发、英特尔，几个汉字才构成一个语素。

有时一个语素即一个词，例如：狗、雷达、大、哆嗦、摩托，就分别是一个语素，也是一个词。有时几个语素构成一个词，例如：老虎、巧克力糖、共产党、资本主义。

所以，不能把汉字、语素和词之间的关系看成简单的一一对应关系，它们有时候是一对一的关系，有时候是一对多的关系，不能直接画等号。汉字、语素和词的关系图示如下：

图1－2　汉字、语素与词的关系图

古汉语的词大多是单音节的，因此那个时候的汉字、语素和词可以画等号。现代汉语里的语素，多数是由古汉语的词演变来的，由于古汉语的词是由单音节向双音节逐渐发展的，因此许多词在现代汉语中变成了构词成分，如“祖、语、言”等。这些成分只是在一些文言格式、成语和其他熟语中仍然被当作词用，例如：祖传秘方、语无伦次、三言两语等。所以，判断语素必须以现代汉语为依据。

（三）汉字音节化与音节语素化

汉字音节化与音节语素化，简称汉字音节化与语素化。汉语的语素最终落实到汉字上，汉字是记录汉语的书写符号，绝大部分汉字有形、音、义三个方面，但是有时候汉字只有形、音两个方面，汉字只是音节，这是汉字音节化。汉字音节化后，在某种条件下，汉字音节又会语素化，从而使语素化后的汉字音节具有了表义的作用，称为汉字音节语素化，汉字音节语素化就是指不表义的汉字音节变成了表义的语素。

汉字音节化与语素化揭示了汉字音节语素化的两个阶段。

第一阶段：汉字音节化。例如：

【巴士】bus 公共汽车。

【拷贝】copy 将拍摄成的电影底片洗印出来供放映的胶片；复写、复制。

在这些词里，汉字不参与表义，只是音节，这就是汉字音节化。

第二阶段：音节语素化。例如：

【巴士】→大巴 + 中巴 + 小巴：坐大巴去机场。

【拷贝】→把文章拷到 U 盘。

在这些句子里，“巴、拷”实际上是“巴士、拷贝”的省略形式，分别表示相关的含义，这就是音节语素化。

这两个阶段合起来就是汉字音节语素化。图示如下：

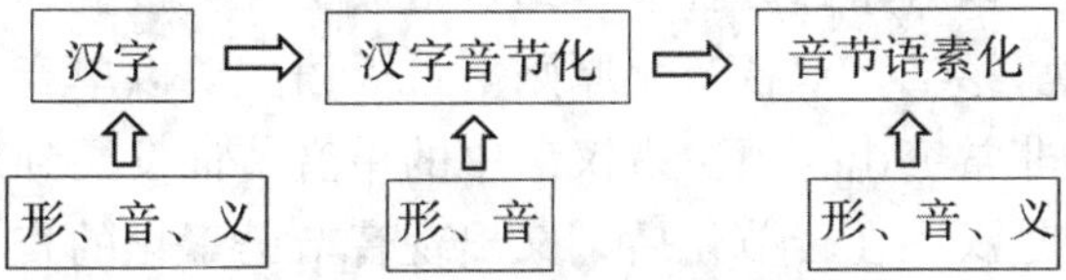

图 1－3　汉字音节语素化示意图

还有一种比较有趣的现象：

【摩托】motor：汉字音节化
【的士】taxi：汉字音节化
} 【摩的】属于音节语素化

在“摩托”与“的士”中，汉字都已经音节化了，但是，在“摩的”这个词中，音节化的“摩”与“的”又都被语素化了。

汉字音节语素化主要存在于音译词和联绵词中。

音译词是外来词的一种，有的是整体音译，有的是部分音译，还有的是音义兼译。音译词主要是近现代的产物，有的发展到今天已经音节语素化了。例如：Bar，就是酒吧，如果纯音译，用“吧”代酒吧，人们不好理解，所以再加上“酒”。其本义是买卖酒且喝酒聊天的小型场所，“酒吧”是由两个语素构成的：【吧】→水吧、网吧、话吧、陶吧；【酒】→啤酒。再如：

【美利坚】American→美国、美钞、美军、美金
【法兰西】France→法国、法军
【英格兰】England→英国、英军、英镑、英寸
【加利福尼亚】California→加州
【贝克汉姆】Beckham→小贝
【模特儿】model→名模
【迪斯科】disco→迪厅
【欧姆】ohm→欧，电阻 300 欧
【安培】ampere→安，电表 20 安
【瓦特】watt→瓦，电灯 30 瓦

联绵词指两个音节连缀成义而不能拆开的词。联绵词主要是古代遗留下来的词，有些联绵词到今天已经音节语素化了。例如：

【蝴蝶】→彩蝶、蝶泳
【螳螂】→螳臂
【骆驼】→驼毛、驼峰
【麒麟】→麟角
【蟾蜍】→蟾宫、蟾酥
【蜥蜴】→巨蜥
【螺蛳】→田螺、海螺、河螺
【蚂蚁】→蚁穴、蚁巢、工蚁

汉字在音节化后，为什么又会出现音节语素化？第一，经济实用原则。它是汉语普遍的结构与表达原则，不仅存在于语法当中，而且也存在于词汇当中。基于这条原则，人们可以省略部分音节，约定俗成，社会接受即可。音节语素化正是这种原则的体现。第二，双音节化原则。古汉语主要以单音节词为主，到了现代汉语，双音节化非常突出，不少古汉语中的单音节词发展到现代汉语已经双音节化。这条原则正是汉字在音节化后，又出现音节语素化的直接原因。试比较非双音节化与双音节化后的词语：

【法兰西】→法（兰西）国、法（兰西）军
【加利福尼亚】→加（利福尼亚）州
【贝克汉姆】→小贝（克汉姆）
【模特儿】→名模（特儿）
【迪斯科】→迪（斯科）厅
【可口可乐】→喝（可口）可乐
【蝴蝶】→彩（蝴）蝶、（蝴）蝶泳
【骆驼】→（骆）驼毛、（骆）驼峰
【螺蛳】→田螺（蛳）、海螺（蛳）、河螺（蛳）
【蚂蚁】→（蚂）蚁穴、（蚂）蚁巢、工（蚂）蚁
【麒麟】→（麒）麟角
【蜥蜴】→巨蜥（蜴）

显然非双音节化词语，读起来既费事，又不是很顺口。所以，我们认为双音节化是现代汉语发展的必然趋势。

（四）判定语素的方法

1. 字义关联法

字义关联法就是通过字义与词义的关联来确定语素的方法。

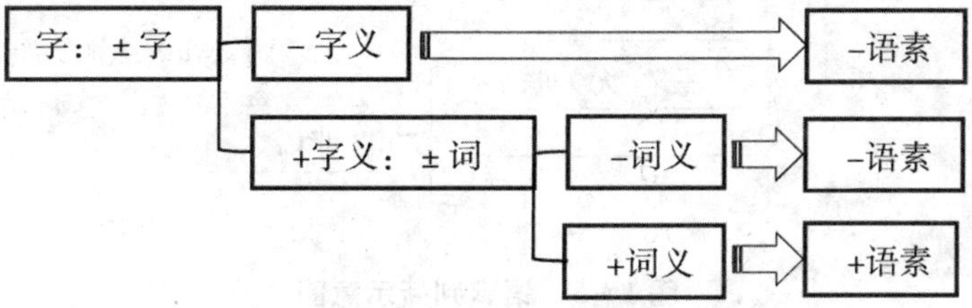

图1－4 字义关联法示意图

注：“±”，表示是否具备某项特征。“－”，表示不具备某项特征。“+”，表示具备某项特征。

判定某个汉字是否为语素的步骤：

第一步：是否有字义，无字义则不是语素，则需要与别的字组合才能构成语素。

第二步：有字义，则需要进一步考察它的字义与词义的关系；有关联，则是语素；无关联，则需要与别的字组合才能构成语素。

例如：

【坦克】一种全履带装甲战车，通常装有一门火炮和多门自动武器，具有优良的越野机动性、坚固的装甲防护、强火力和强大的突击能力。

【葡萄】多年生落叶藤本植物。叶子掌状分裂，开黄绿色小花。成串，味酸甜，多汁，可生食等。

【中国】古代华夏族建国于黄河流域一带，以为居天下之中，故称中国。后成为中华人民共和国的简称。

语素分析：

【葡萄】＝葡［无字义］＋萄［无字义］，1个语素

【坦克】＝坦［有字义但无关联］＋克［有字义但无关联］，1个语素

【中国】＝中［有字义有关联］＋国［有字义有关联］，2个语素

在多音节词中，每个字都必须有字义且与词义有关联，这个字才是语素，如

果一个词中有一个字无字义，尽管另一个字有字义且与词义有关联，两个字也不能各自成为一个语素，两字结合才成为一个语素。例如“芙蓉”一词，芙蓉是一种开花的植物，“蓉”有字义，用植物的果实制成的粉状物，但是，“芙”无字义，因此，“芙蓉”只是一个语素。又如“蜘蛛”一词，蜘蛛是一种节肢动物，“蜘”无字义，“蛛”就是指蜘蛛，因此，“蜘蛛”只是一个语素。

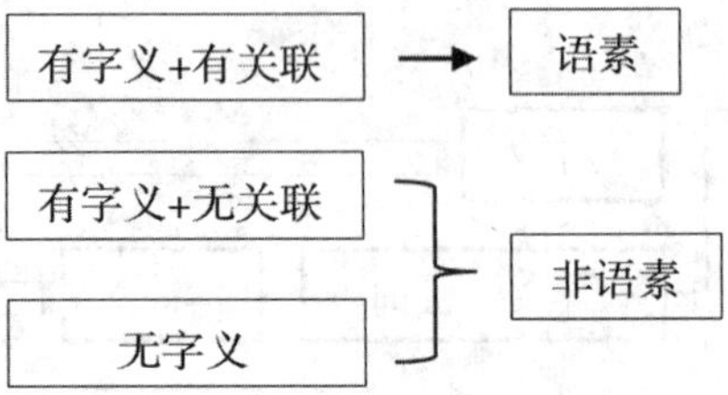

图 1－5　语素判断示意图

2．替代法

替代法就是用已知语素替换待定语素的方法。例如：

【理想】

【理～】理想　理由　理解……

【～想】理想　梦想　思想……

“理想”中的“理”和“想”都可被其他语素替代，且“理”和“想”的意义不变，所以，“理想”为两个语素。再如：

【清洁】

【清～】清洁　清楚　清白……

【～洁】清洁　纯洁　整洁……

“清洁”中的“清”和“洁”都可被其他语素替代，且“清”和“洁”的意义不变，所以，“清洁”为两个语素。

替代法要注意的问题：

（1）完全替换。

【XY】词

【－Y】→ AY + BY + CY……，X 被替换

【X－】→ XA + XB + XC……，Y 被替换

若 X、Y 都被替换，则 XY 可分解为两个语素，若 XY 其中一个替换不成立，则 XY 合为一个语素。例如：

【蜘蛛】

【~蛛】喜蛛　檐蛛

【蜘~】?

“蜘蛛”中的“蜘”可以替换，而“蛛”不可替换，所以，“蜘蛛”为一个语素。

（2）同义替换。

【XY】词

【-Y】→ AY + BY + CY……，其中 Y 的意义不变

【X-】→ XA + XB + XC……，其中 X 的意义不变

只要其中的一个意义有变化，则 XY 合为一个语素。例如：

【马虎】

【~虎】老虎　幼虎　雄虎……

【马~】马车　马蹄　马尾……

在“马虎”中“马”“虎”不参与表义，而替换的词语中，“马”“虎”都参与表义，所以不是同义替换，两字结合属于一个语素。相反，前面的“理想”“清洁”则是同义替换，属于由两个语素构成的词语。音译词也可以用这种方法来判断。例如：

【沙发】

【~发】出发　批发　打发……

【沙~】沙滩　沙漠　沙画……

在“沙发”中“沙”“发”不参与表义，而替换的词语中，“沙”“发”都参与表义，所以不是同义替换，两字结合成一个语素。

替换法也有局限，它需要以丰富的词汇量为基础，如果词汇量不够丰富，替换的词语数量则受限，甚至无法替换，从而造成替换不成功，导致误判。尤其是那些构词量很少的语素，很容易使人误判为无相关构词。同时，替换法还会受到方言的干扰，有些构词只是存在于方言词汇中，普通话词汇中并无该词语，从而导致误判。

相对而言，字义关联法容易掌握和判断，因为有无字义很容易看出来。

语素分析：

【日本】=日［太阳］+本［根］，2 个语素

【南斯拉夫】① =南［南面］+斯拉夫［音译词，指斯拉夫民族］2 个语素

① 南斯拉夫是 1929 年成立的国家，2003 年解体。

【美国】=美［美利坚］+［音译词省写］+国［国家］，2个语素

【卡车】=卡［音译词］+车［汽车］，2个语素

【姐姐的姥姥去迪士尼乐园游玩儿】=姐姐［重叠词，2个语素］+姥姥［叠音词，1个语素］+迪士尼［音译词，1个语素］+乐园［2个语素］+玩儿［1个语素］，总计10个语素

另外，还有一类词值得注意，如"白俄罗斯"一词，英语是"Belarus"，"白"不是独立的一个语素，因此"白俄罗斯"是一个语素。

在语素判定上，最后我们讨论两个存在争议的问题。

（1）合音字问题。

汉字有少量的合音字，语音上是一个音节，意义上是两个字意思的相加。例如"俩"，读音 liǎ，意义为两个。类似的还有"甭"，读音 béng，意义为不用。那么合音字判定为两个语素还是一个语素呢？我们认为，合音字虽然是两个字的意思，但是它只有一个音节，从语素的标准看，只能算一个语素。

（2）儿化词问题。

"儿化"是北方方言中的一种比较普遍的音变现象，普通话词汇中也有相当数量的儿化词。例如：

心眼儿　鞋带儿　烟卷儿　白干儿　果仁儿　肉冻儿

抓阄儿　茸毛儿　玩意儿　牙签儿　好玩儿　小曲儿

破烂儿　热闹儿　大腕儿　冰棍儿　鱼片儿　胡同儿

很多教材都把"儿"看成是词缀，是一个语素。但是，我们认为，"儿"不是词缀，也不是语素。理由：一是儿化只是一种语音现象，而不是词汇现象，更不是构词的语法手段；二是上述儿化词虽然是三个字，但是只有两个音节，"儿"不是独立的音节；三是"儿"在这里是无义字，只是在书面上提示其前一个字在语音上要进行儿化，仅仅起到提示作用，帮助人们识别儿化词，否则，大家是很难看出哪个词要儿化，哪个词又不儿化的。"儿"仅是儿化词的书面标记①。

二、语素的分类

（一）音节数量的角度 =单音节语素+多音节语素

单音节语素就是由一个音节构成的语素，也就是由一个汉字构成的语素。一

① 按照要求，凡是儿化词，书面上都应该用"儿"进行标记，但是由于作者并不清楚哪些词是儿化词，因此，实际上很少有人把儿化词标记出来。

种是不可单独成词的，例如：众、闻、觉。另一种是可以单独成词的，例如：人、红、天。在音译词中也有单音节的词，例如：秀（show）、泵（pump）。还有一种情况也出现在音译词中。例如“沙皇”中的“沙”也是单音节语素，只是在该词中“沙”不是成词语素，是一个不成词的单音节语素。

多音节语素就是由两个以上的音节构成的语素，也就是由两个以上的汉字构成的语素。它主要包括联绵词、音译词、拟声词、叹词、叠音词和一部分状态形容词等。例如：

联绵词：踌躇　琵琶　徘徊　混沌　垃圾　杜鹃

拟声词：扑通　哗啦　咯吱　嘀嗒　嘀咕　咕隆

叹 词：哎哟　哎呀　啊呀　嗨呀

叠音词：匆匆　悄悄　姥姥　猩猩　姗姗　蛐蛐

状态形容词：乎乎｛黑乎乎｝　油油｛绿油油｝①

音译词语素是比较特殊的多音节语素，主要由两个音节构成。例如：

pudding 布丁	soda 苏打	coffee 咖啡	curry 咖喱
dacron 涤纶	nylon 尼龙	gas 瓦斯	clone 克隆
opium 鸦片	radar 雷达	guitar 吉他	logic 逻辑
motor 马达	blog 博客	yoga 瑜伽	laser 镭射
Nazi 纳粹	carat 克拉	totem 图腾	poker 扑克
salon 沙龙	sauna 桑拿	lemon 柠檬	shock 休克

音译词还有三个音节以上的情况：

chocolate 巧克力	sandwich 三明治	hormone 荷尔蒙
marathon 马拉松	waltz 华尔兹	microphone 麦克风
montage 蒙太奇	aspirin 阿司匹林	hysteria 歇斯底里
penicillin 盘尼西林	Olympic 奥林匹克	romantic 罗曼蒂克

此处应注意的是，音译加意译的音译词和音译加注的音译词中也包含多音节语素。例如：

【加农炮 cannon】=加农［cannon，音译］+炮［类别语素］

【冰激凌 ice-cream】=冰［ice，意译］+激凌［cream，音译］

其中音译部分就是不成词语素，是一个多音节语素。当然，整个词不属于单纯词，属于合成词。

① “笔直”“雪白”也是状态形容词，但它们都是合成词。

（二）独立构词的角度 =成词语素 + 不成词语素

不成词语素就是自身不能单独成词而且需要与别的语素组合构词的语素。例如：言、语、诉、倾。

成词语素就是不需要与别的语素组合，自身也可以单独成词的语素。它主要有两种：单音节词和一个语素构成的多音节词。例如：

单音节词：

人　大　刷　老　蛇　电　取　布　甩

扔　象　肉　砸　嫁　吃　日　栽　瞧

抛　铁　我　捧　问　让　歪　肯　用

多音节词：

从容　参差　惆怅　恍惚　淋漓　澎湃

咕咚　轰隆　咔嚓　嘿哟　娓娓　潺潺

吉普　沙发　咖啡因　布尔什维克

虚词有的也是成词语素。例如：

结构助词：的　地　得　　　　连词：和　与　或　而

介词：在　于　把　对　　　　语气词：吗　吧　了　呢

成词语素有多个义项，如果其中某个义项可以成词，那么该义项语素就是成词语素，其他义项语素则为不成词语素。如果没有提供义项选择，就某个词整体而言，只要某个义项成词，就可以判断该语素为成词语素。例如：

【花】（部分意义）

①植物的繁殖器官，有各种形状和颜色，一般长得很美丽，有的有香味，凋谢后结成果实。买一支～。

②模糊不清：头昏眼～。

③形状像花的东西：雪～、浪～、钢～、火～。

④虚伪的，用来迷惑人的：～言巧语。

⑤喻女子：姊妹～。

①②是成词语素，③④⑤是不成词语素。

成词语素也可以与别的语素组合构词。例如：

【人】

人民　人体　人群　人权　人情　人物　人为　人文　人头

人缘　人员　人影　人品　人生　人事　人数　人犯　人格

凡人　工人　文人　为人　夫人　外人　世人　圣人　可人

本人　犯人　老人　动人　军人　私人　别人　证人　美人

从组合构成词的角度，成词语素和不成词语素可以划分为组词语素和不组词语素。不成词语素属组词语素，成词语素有两种情况：一是既能够成词，又能够组合成词的成词语素属组词语素，二是只是能够独立成词，不能够组合成词的成词语素属于不组词语素。例如“从容”“咕咚”“嘿哟”“潺潺”“丁克”等属于不组词语素，结构助词“的”、连词“和”、介词“把”、语气词“吗”等也是属于不组词语素。成词语素、不成词语素、组词语素、不组词语素四者的关系图示如下：

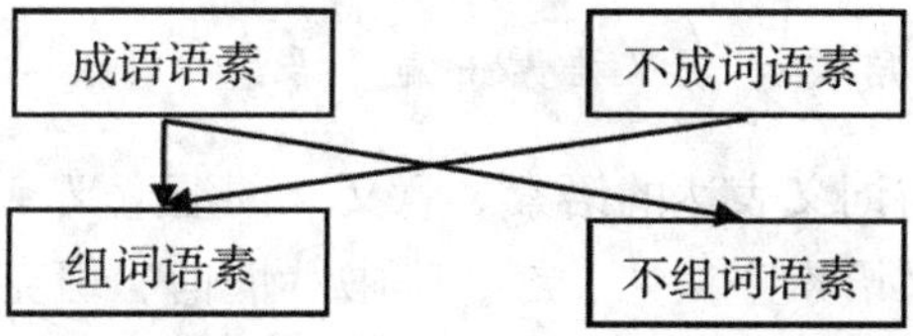

图 1-6　成词语素、不成词语素、组词语素与不组词语素的关系示意图

（三）位置固定的角度 ＝定位语素＋不定位语素

定位语素就是在构词中位置固定的语素[①]，位置主要有前、后两种，分为前定位语素和后定位语素。例如：

老～：老师　老鼠　老虎　老婆　老板　老爸

～子：桌子　凳子　椅子　垫子　套子　橙子

～头：石头　馒头　砖头　甜头　想头　布头

另外，词汇中还包含极少量的中定位语素。例如：“里”，土里土气、乡里乡亲、稀里糊涂、花里胡哨。

不定位语素就是在构词中位置不固定的语素。例如：

～言：前言　谎言　宣言　序言　发言　怨言

言～：言行　言论　言笑　言辞　言语　言中

语～：语法　语言　语汇　语句　语感　语气

～语：评语　言语　谜语　套语　俗语　词语

～大：放大　扩大　加大　盛大　宏大　强大

① 定位语素往往是词缀和类词缀。

大～：大专　大型　大小　大限　大战　大业

打～：打架　打猎　打击　打鼓　打更　打劫

～打：双打　吹打　扑打　拷打　鞭打　抽打

定不定位必须在词语中考察，比如语气词“吗”、介词“对”是成词语素，但是它们并不是组词语素，一般不与别的语素构成词，所以它们不存在定位语素和不定位语素的问题。尽管语气词“吗”总是处在其他词语后面，介词“对”总是处在其他词语前面构成介词短语，但是，它们之间是词与词的组合，不是语素之间的组合。所以，有人把这类虚词处理为定位语素是不恰当的。定位语素主要是词缀语素，不定位语素主要是词根语素。

（四）参与表义的角度＝表义语素＋偏义语素

表义语素就是参与词义表达的语素。意义＝词汇意义＋语法意义。虚语素有语法意义，它也是表义语素。例如：红、哗啦、悄悄、坦克、哎呀。

偏义语素就是偏义词中失去了意义的语素。例如“窗户”就是偏义词，仅仅是指代窗，“户”失去了表义作用，属于偏义语素。再如：妻子、人物、忘记、国家、动静、人马。

这类偏义词属于两个语素。从偏义词的初始状态看，偏义词并不偏义，偏失意义的那个语素最初是有意义的，并有效参与词义的构建。例如：

【国家】长期占有一块固定领土，政治上结合在一个主权政府之下的人民的实体；一种特定形式的政府、政体或政治上组织起来的社会。最初的时候，古代诸侯的封地称国，大夫的封地称家。《孟子·离娄上》：“人有恒言，皆曰天下国家，天下之本在国，国之本在家，家之本在身。”

【妻子】[①] 男子的正式配偶。最初的时候，包括妻和子。《孟子·梁惠王上》：“必使仰足以事父母，俯足以畜妻子。”《后汉书·吴祐传》：“祐问长有妻子乎？对曰：‘有妻未有子也。’”晋·陶渊明《桃花源记》：“率妻子邑人来此绝境。”

【人物】小说或戏剧中被描写的人。最初的时候，包括人和物。《庄子·庚桑楚》：“夫至人者，相与交食乎地而交乐乎天，不以人物利害相撄。”《隋书·律历志上》：“自夫有天地焉，有人物焉。”

所以，偏义词不能够计算为一个语素，偏失意义的字也是语素。它与无义字是有本质区别的，这也是汉语里双音节词发展中的一个有趣的词汇现象。当然，

① 有人认为，“妻子”是附加式，把“子”看成词缀。我们认为，这是不对的。

是否每个偏义词都经历了从不偏义到偏义的过程，这还需要验证，如果不是这样，那么，偏义词的形成过程就值得研究了。

语素还可以从其他角度进行分类。

从意义实在的角度可以划分为实语素和虚语素，实语素就是具有实在意义的语素，虚语素就是不具有实在意义的语素。传统意义上的实词往往具有实在的词汇意义，属于实语素；虚词往往不具有实在的词汇意义，属于虚语素。词缀只是表达语法意义，也属于虚语素。

从字义的角度可以划分为无字义语素、无效字义语素和有效字义语素。无字义语素就是由无义字组合构成的语素。例如：蜻蜓、蝙蝠。无效字义语素就是由不参与词义表义的有义字组成的语素，一般而言，音译词、联绵词等就是属于这种情况。例如：伊妹儿、坦克、布丁、从容、迷离。有效字义语素就是由参与词义表义的有义字组成的语素，除了前两种情况外，其余的应当属于有效字义语素。例如：人、饥饿、勇敢、理论、计算机。无字义语素和无效字义语素的划分，主要在于使大家认识到汉字与语素的复杂关系，不要把汉字等同于语素，这对我们判定语素有着重要的意义。

三、词与短语

语法单位有四级，即语素、词、短语和句子。理论上，语素生成词，词生成短语，短语生成句子。语素只能生成词，但是汉语中除了短语生成句子之外，词也可以生成句子。它们的关系图示如下：

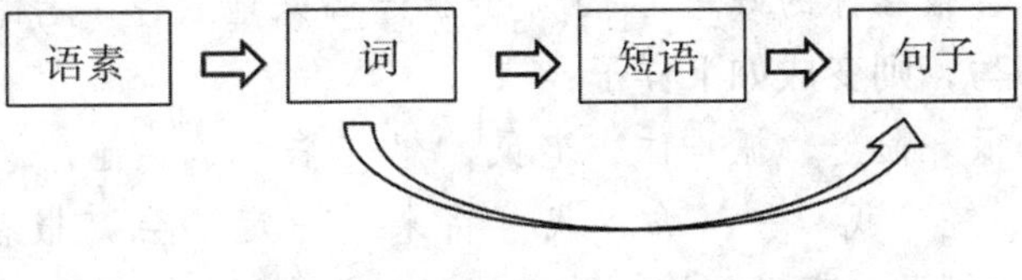

图 1－7　语法单位关系示意图

例如：

语、言→语言→中国语言→中国语言丰富多彩。

你去吗？——去。

当然，不是所有的词和短语都可以直接生成句子，它还必须满足语法规则与句义的要求。例如“所”字短语就不能生成句子，大部分副词也不能生成句子。

因此，语素、词、短语都是结构单位；语素是词的结构单位，词既是短语的结构单位，又是句子的结构单位；短语是句子的结构单位。所以，词就是生成句子的最小结构单位，而短语是生成句子的基本结构单位。

“最小结构单位”是区分词与短语的关键，“生成句子的结构单位”是区分词与语素的关键。任何一个句子都可以分解到词，句子可能是由一个词构成，也可能是由若干个词构成。例如：

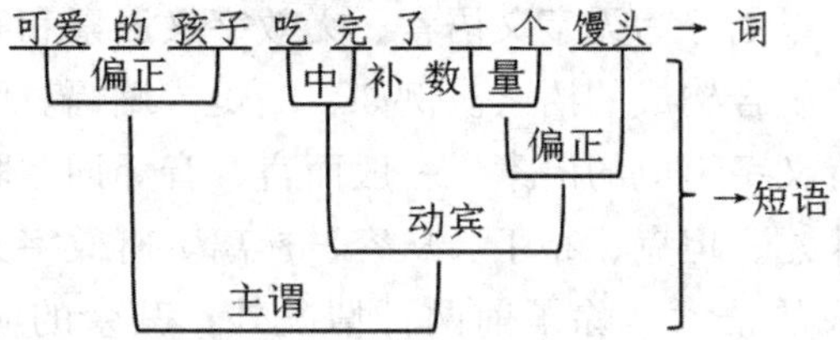

过去一般把词定义为最小的能够独立运用的单位，但是，独立运用不太好理解，尤其是虚词更不好理解。所以我们认为，从结构上定义词和短语更容易被理解和接受。

汉语存在复合词与短语的区别问题。英文是表音文字，并且字母以线性排列成词，因此，在书面上词与词之间是分词书写的，有间隔。这样，在形式上，哪些是词，哪些是短语就一目了然。而汉语汉字则不同，由于汉语是以字为单位书写的，而不是以词为单位书写的，因此汉语词与词之间没有明显的分隔界限，所以，汉语存在复合词与短语区分的问题。例如英语寓言故事片段①：

狮子很愤怒，抓住老鼠，想杀了他，老鼠哀求，说：“如果你饶我一命，我将来一定会报答你的好意。”于是，狮子高兴地放掉了老鼠。

如果分词书写，则变成如下样子：

狮子 很 愤怒，抓 住 老鼠，想 杀 了 他，老鼠 哀求，说：“如果 你 饶 我 一 命，我 将来 一定 会 报答 你 的 好意。”于是，狮子 高兴 地 放 掉 了 老鼠。

虽然这种排版解决了复合词与短语的区分问题，但是大家从视觉习惯上不能接受。为此，汉语计算机人员还要专门研究中文自动分词技术来解决这个问题。中文分词是将一个汉字序列切分成一个一个单独的词，分词就是将连续的字序列

① 原文：Rising up in anger，he caught him and was about to kill him，when the mouse piteously entreated，saying：“If you would only spare my life，I would be sure to repay your kindness.” The lion laughed and let him go.

按照一定的规范重新组合成词序列的过程[①]。其实，我们认为，分词书写是可行的，非常容易解决词与短语区分的这个问题。但遗憾的是，大家习惯上接受不了。

关于复合词与短语的区别，大家也进行过讨论[②]，主要表现在三个方面：

（1）语音上。

复合词的内部无语音停顿，短语则可以停顿。例如“工人”不能说成“工、人”，“工人农民”则可以说成“工人、农民”。再如：

买卖要公平。→ 买、卖要公平。（短语）

他是一买卖人。→ *他是一买、卖人。[③]（词）

（2）意义上。

复合词是一个整体结构，意义上表示一个单一的概念，不是语素义的机械相加；短语是概念的组合，是词义的简单相加。例如“打算”的意思并不是“击打”和“计算”的简单相加，而是融合在一起表示一种未来的想法。“打击歼灭敌人”的意思就是“打击、歼灭、敌人”三个词意义的相加。

（3）结构上。

复合词的内部语素之间结合程度紧密，理论上构成词的各语素之间不能插入其他成分，即使可以插入其他成分也会改变复合词本身的意思。短语内部的词与词之间是自由结合的，结合程度很松散，构成短语的各词之间可以插入其他成分，且不会改变原短语的意思。

如何区别复合词与短语呢？

不是所有的复合词与短语都需要一个一个地甄别，有的复合词与短语很容易识别，比如“工人”是词，“工人农民”是短语。也有的复合词与短语不太好区别，比如“鸡蛋”是词，那么“咸鸭蛋、恐龙蛋”呢？目前来看，还没有一种很好的方法能够将容易混淆的复合词与短语严格地区分开来。

下面介绍一种通行的鉴别复合词与短语的方法——插入法。如果两部分是短语，那么在两部分中间是可以插入其他词语的；如果是词，其内部是语素关系，语素彼此之间结合很紧密，理论上是不能插入其他词语的，这就是插入法的理论依据。

---

① 在英文的行文中，单词之间是以空格作为自然分界符的，而中文只是字、句和段能通过明显的分界符来简单划界，唯独词没有一个形式上的分界符，于是中文比之英文要复杂得多，学习起来困难得多。

② 沈贤淑. 韩、汉复合词和短语判定标准探究［J］. 延边大学学报（社会科学版），2014（2）：59～63.

③ *表此种表达不成立，下同。

假设两部分分别用 A、B 表示，那么，插入法表示为：

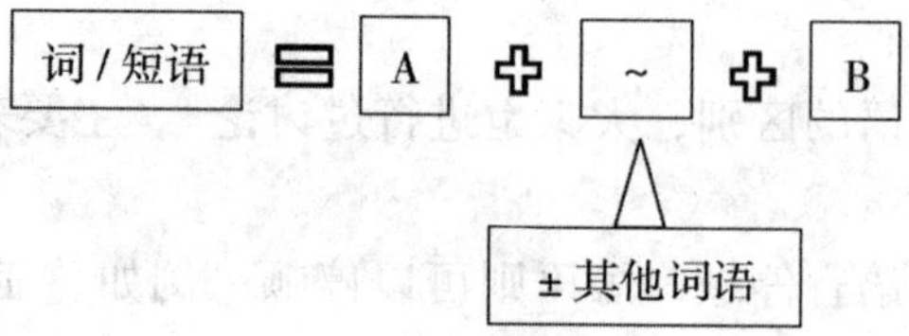

图 1-8　插入法示意图

所以，短语 = A + 其他词语 + B，词≠A + 其他词语 + B。

例如：

讨厌她→讨厌死她　讨厌不讲信用的她　　讨厌→ ＊讨……厌

可见，“讨厌她”是短语，“讨厌”是词。但是，有的也能插入，且改变了意义，这种情况仍然是词。例如：

白菜 → ＊白的菜（白色的菜不一定是白菜）

黑板→＊黑的板（黑色的板材，不是黑板的本义）

铁路 →＊铁的路（铁质的路，不是铁路的本义）

眼红 →＊眼已经红了（眼睛发红，不是眼红的本义）

完整的插入法表述为：

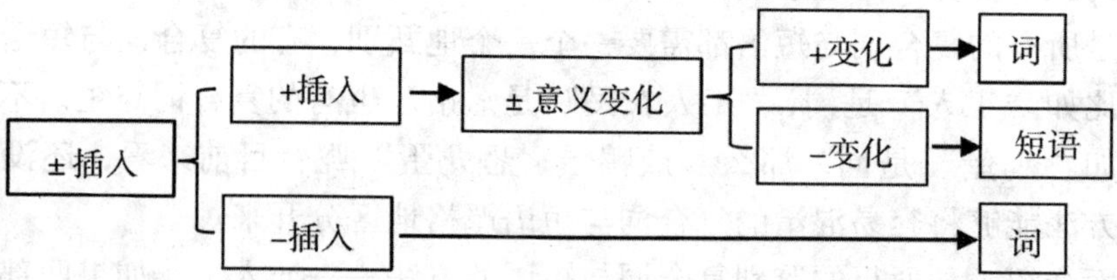

图 1-9　插入法示意图

例如：

骑兵 → 骑马的兵（可插入，意义改变）→ 词

骑马 → 骑着一匹马（可插入，意义不变）→ 短语

开关 → 开和关（可插入，意义改变）→ 词

打击 → ＊打和击（不能插入）→词

插入法也有缺点。例如：

红旗→红色的旗子（可插入，意义不变）→短语？

鸡蛋→鸡下的蛋（可插入，意义不变）→短语？

猪肉→ 猪身上的肉（可插入，意义不变）→短语？

显然，大家很难接受“鸡蛋、红旗、猪肉”是短语，可见插入法并不能解决所有具有争议的问题。理论上看，插入法是完全可行的，但是，汉语的复杂性以及特殊性再一次破坏了这一方法的系统性。所以，我们还需要考虑其他一些方法，从不同的层次与角度来加以区分。对汉语而言，企图仅仅依靠一种方法来解决所有问题是不太可能的。

我们还可以从语素性质的角度来进行区分：

A. 成词语素 + 成词语素 ⇨ 词 / 短语

B. 成词语素 + 不成词语素 ⇨ 词

C. 不成词语素 + 不成词语素 ⇨ 词

图 1－10　语素与词的关系示意图

只有 A 可能是复合词或短语，B 和 C 都只能是复合词。例如“言语”，两个语素都是不成词语素，是复合词；“打败”，“打”是成词语素，“败”是不成词语素，是复合词。同样，“成词语素 + 成词语素”构成的复合词数量很多，但也不能从根本上解决区分复合词与短语的问题。

所以，复合词与短语的区别问题还需要考虑内部成分之间的结合频率，短语是临时形成的，词与词之间结合频率不高；词是固定的，而语素之间结合频率很高，也就是说，它们经常结合在一起共同出现，这就是复合词。刘云、李晋霞以功能和认知语法为理论背景，探讨频率与“词”之间的关系。他们认为，频率是“词化”的重要动力，频率对词感的制约具有认知心理与语言理解上的依据。文章提出了词与短语识别的“动态观”，认为“连续统”与频率相结合将有助于解决词与短语的划界问题①。

从复合词的来源看，有的本身就来源于短语，这正是我们判断某些复合词与短语的难点之所在。例如离合词就是由短语紧缩而成的②，很难从语法角度加以

① 刘云，李晋霞. 论频率对词感的制约 [J]. 语言教学与研究，2009 (3)：1 ~6.

② 有人认为是由词转化为短语，其实这个问题说不清楚，两种可能都存在。

区分。对于离合词一般的处理是，拆开的时候是短语，合在一起是词。例如：

他结过<两次>婚。→ 他结婚了。[①]

每天洗<一次>澡。→ 他［正在］洗澡。

睡了<一会儿>觉。→ 他［还］［在］睡觉。

他生了（很久）的气。→他［很］生气。

他伤了（我）的心。→他伤心<极>了。

他鞠了（一个）躬。→他鞠躬了。

除了离合词之外，还有一些词就是由短语转化过来的。例如：

北京大学 → 北大　　　　邮政编码 → 邮编

高等院校 → 高校　　　　安全理事会 → 安理会

这些无疑给区分复合词与短语带来了困难。当然，我们一般都会把“北大”“邮编”“高校”“安理会”作为复合词来处理，因为它们的结合频率很高，因此，引入结合频率是判定复合词的一个重要的方法。

第二节　单纯词

单纯词是由一个语素构成的词。从音节的数量看，单纯词可以分为单音节单纯词和多音节单纯词两种。单音节单纯词就是单音节的成词语素构成的词，它既是语素，又是词。从词性上看，它包括一些名词、动词、形容词、副词、代词、数词和量词。例如：

人　河　鸡　树　山　话　水　酒　鬼　面

捐　死　走　跑　飞　听　杀　劝　来　骂

光　黑　绿　暗　平　直　傻　亮　近　高

女　男　又　才　那　我　一　个　次　根

单音节单纯词还包括一些语气词、介词、连词、助词、拟声词和叹词。例如：吧、于、与、过、呜、嗨。

---

① 为了排版方便，本书完全采用 Word 2013 中的符号表示句法成分符号，但无相关的兼语符号，其他符号跟通行的句法符号一致。具体说明如下：

小敏［昨天］赶<跑>了（一只）狼。你派他去。

↑　↑　↑　↑　↑　↑　↑

主语　状语　谓语　补语　定语　宾语　兼语

多音节单纯词就是多音节的成词语素构成的词，同样，它既是语素，又是词。例如“柴胡、骨朵、克隆、意大利、印度尼西亚”等。多音节的单纯词主要由联绵词、纯音译词和叠音词构成。拟声词和叹词中也有一部分是多音节单纯词。例如：

拟声词：扑通 哗啦 咯吱 嘀嗒 嘀咕 咕隆

叹 词：哎哟 哎呀 啊呀 嗨呀

一、联绵词

联绵词是由不表义的两个音节联合成义而形成的词。绝大多数联绵词是在古代就形成的，在《现代汉语词典》中收录了近六百个。

很多联绵词都有形旁，而且有的相同，其作用是帮助我们理解其意义和记忆，并无表义的作用。联绵字与联绵词的关系有以下几点：

（1）构成联绵词的两个汉字都无字义，拆开后无法表义。例如“蝙蝠”中“蝙”“蝠”两个字，字典、词典都没有进行任何解释，只是对“蝙蝠”整个词进行了解释。再如：

蜈蚣 蟋蟀 囫囵 唏嘘 忐忑 蝾螈

囹圄 踯躅 琥珀 踌躇 蹂躏 箜篌

（2）构成联绵词的两个汉字拆开后，其中一个有字义，能单独表义，另一个没有字义，无法表义。有字义的字义有的与该联绵词有关，有的则无关。例如：

【蝴蝶】＝蝴［无字义］＋蝶［有字义：蝴蝶］→蝶＝蝴蝶

【玫瑰】＝玫［无字义］＋瑰［有字义：奇特、珍奇……］→瑰≠玫瑰

【腌臜】＝腌［有字义：把鱼肉等放上盐等佐料放置一段时间使其入味儿］＋臜［无字义］→腌≠腌臜

【猖獗】＝猖［有字义：凶猛、狂妄］＋獗［无字义］→猖≠猖獗

（3）构成联绵词的两个字都有字义，但是其字义与该联绵词本身的意思没有关联。例如：

【挣扎】＝挣［有字义：用力支撑或摆脱……］＋扎［有字义：刺入、钻入……］→挣≠挣扎 扎≠挣扎

【首乌】＝首［有字义：头……］＋乌［有字义：黑……］→首≠首乌 乌≠首乌

【丁香】＝丁［有字义：人……］＋香［有字义：好闻的气味儿］→

丁≠丁香　香≠丁香

【从容】=从［有字义：跟从……］+容［有字义：容貌……］→从≠从容　容≠从容

从声韵关系看，联绵词可以划分为双声联绵词、叠韵联绵词和非双声叠韵联绵词三类。据统计，现代汉语联绵词内部存在声韵关系的约占51%，其中叠韵联绵词约占36%，双声联绵词约占15%，非双声叠韵联绵词约占49%。①

（1）双声联绵词。两个音节声母相同的联绵词。例如：

伶俐　仓促　慷慨　参差　璀璨　吩咐
玲珑　仿佛　尴尬　崎岖　枇杷　拮据
唐突　琉璃　惆怅　坎坷　褴褛　嘱咐
流连　跌宕　恍惚　差池　秋千　袅娜
荏苒　淋漓　蟾蜍　蜘蛛　蹊跷　陆离

（2）叠韵联绵词。两个音节"韵"相同的联绵词②。例如：

朦胧　窈窕　绸缪　荒唐　伶仃　郎当
彷徨　蟑螂　徘徊　霹雳　叮咛　汹涌
混沌　荡漾　妖娆　烂漫　蹉跎　芍药
唠叨　蜿蜒　怂恿　菠萝　傀儡　喇叭
陀螺　婆娑　葫芦　牡蛎　抖擞　埋怨

（3）非双声叠韵联绵词。两个音节声韵都不相同的联绵词。例如：

蝴蝶　婀娜　滑稽　芙蓉　蛤蚧　鸳鸯
魁梧　杜鹃　月季　叨咕　邂逅　搭链
牡丹　玛瑙　妯娌　疙瘩　鹧鸪　龙眼
珐琅　憧憬　蔷薇　垃圾　伎俩　蚂蚁
当归　百合　八哥　石榴　叱咤　唢呐

还有极少量的双声兼叠韵联绵词，两个音节声、韵皆相同，如"辘轳、辗转、孑孓"等。

此处应注意的是，在对称的句子中，联绵词尽量要与联绵词相对应，就是在

① 曹丽亚.《现代汉语词典》（第5版）联绵词特征计量研究［J］. 宁夏大学学报，2010（6）：27～33.

② 指押韵中的"韵"，韵腹和韵尾部分相同或相近，是否押韵依据《十八韵》或者《十三辙》，二者只是押韵的宽严不同。例如：《十八韵》"麻"韵包括 ɑ、uɑ、iɑ 韵母。另外，判断押韵的语音标准是普通话标准音，古音发展到现在有的已经发生了变化，所以只能以现代汉语语音作为判断的依据。因此，可能会出现这种现象：古代是双声联绵词，现在不是了；古代是叠韵联绵词，现在不是了，反之亦然。

两句相同的位置都要使用联绵词。对联就要如此，例如："独抱琵琶寻旧曲，数教鹦鹉念新词"中"琵琶"对"鹦鹉"；"雪里梅花红烂漫，霜间竹叶碧玲珑"（杭州梅竹亭联）中"烂漫"对"玲珑"。

二、音译词

音译词有广义和狭义之分，广义音译词主要有纯音译词、音译加意译的音译词、音译加注的音译词和音义兼译的音译词，狭义音译词主要是纯音译词，属于单纯词的主要是纯音译词。

纯音译词是指词的读音全部从外语词音译而来，就是全部采用读音相近的音节来翻译外语词，外语词包括国外民族语言的词语和国内少数民族语言的词语。吴汉江对音译词进行了统计分析，[①] 下面是研究的一些结论：

（1）音节数量。

表 1－1　根据音节数量进行的音译词统计

音节数	单音节	双音节	三音节	四音节	五音节	六音节
百分比	36.4	34.2	23.2	5.6	0.2	0.4
例词	锕	盎司	法西斯	盖世太保	布尔什维克	英特耐雄纳尔

（2）来源语种。

表 1－2　根据语种进行的音译词统计

语种	英	梵	法	德	俄	拉丁	阿拉伯	希伯来
百分比	68.3	7.8	4.8	3.9	2.6	2.2	1.3	1.1
例词	沙发	禅	沙龙	马克	卢布	淋巴	苏丹	亚当

来自其他国家的还有：西班牙、意大利、希腊、波斯、捷克、瑞典、丹麦、奥地利。来自我国少数民族的音译词数量由多到少依次是：蒙语、满语、藏语、壮语、傣语、哈萨克语、维吾尔语和朝鲜语等。

① 吴汉江．音译词简论［J］．语文建设通讯，2004（77）．

（3）学科门类。

表1-3　根据学科门类进行的音译词统计

门类	化学	宗教	物理	医药	政治	食品	语言	生物
百分比	36.4	11.7	10.4	7.6	3.9	3.7	3.7	3.7
例词	镓	阿门	伏特	休克	孟什维克	布丁	司密斯	荷尔蒙

单音节音译词，例如[①]：

吧 bar　听 tin　打 dozen　酷 cool　镑 pound　吨 ton
硒 selenium　钙 calcium　铀 uranium　氦 helium
碘 iodine　氘 deuterium　钡 barium　苯 benzene

双音节音译词，例如：

卡通 cartoon　基因 gene　探戈 tango　爵士 jazz
芭蕾 ballet　引擎 engine　粉丝 fans　幽默 humor
波音 boeing　香波 shampoo　夹克 jacket　淋巴 lymph
拍档 partner　皮卡 pickup　贴士 tips　媒体 medium

三音节以上的音译词，例如：

华尔兹 waltz　高尔夫 golf　康乃馨 carnation
席梦思 simmons　马赛克 mosaic　奥斯卡 oscar
荷尔蒙 hormone　尼古丁 nicotine　马拉松 marathon
威士忌 whisky　木乃伊 mummy　歇斯底里 hysteria
香格里拉 Shangrila　盘尼西林 penicillin

此处应注意的是，“可口可乐 coco-cola”是音义兼译的音译词，像这类音译词是一个语素，应该归属单纯词，因为“coco-cola”原文意思上并没有“可口可乐”的意义。“苦力 coolie”是指干苦力的小工，所以，“coolie”并不完全是苦力的意思，同样是一个语素。我们认为，这类词还是侧重在音译，其意译部分并不是该词的准确含义，如“维他命 vitamin”与“维生素”在意义上是不同的。[②]

另外，音译加意译的音译词和音译加注的音译词不属于单纯词，属于合成

① 有的化学元素仅仅采用部分音译，如碘（iodine）仅取“dine”。

② 也有人认为是合成词，如果把英语原文对照起来更能说明问题。例如：【休克 shock】：cause (someone) to feel surprised and upset. 致使（某人）感到惊讶和不安。【俱乐部 club】：an association or organization dedicated to a particular interest or activity. 专用于特定的兴趣或活动的社团或组织。

词。例如：

【迷你裙 miniskirt】 =迷你 mini［音译］ +裙 skirt［意译］

【新西兰 New Zealand】 =新 new［意译］ +西兰 Zealand［音译］

音译加注的音译词，先音译某个词，然后加上表示类别的语素。例如：

【沙丁鱼 sardine】 =沙丁 sardine［音译］ +鱼［类别语素］

【啤酒 beer】 = 啤 beer+酒［类别语素］

有的音译词已经有意译词，音译词是一个语素，是单纯词，意译词则是合成词。例如“科学 science”“民主 democracy”在五四时期分别按照发音被翻译为“赛因斯”“德莫克拉西”。当时是音译词，是一个语素，属单纯词；现在是两个语素，属合成词。

日语借形词是单纯词还是合成词，需要看具体情况。如果这个词是由日语自己产生的词，又用汉字书写，每个字都有一定的意义，则应该视为合成词。例如“景气、引渡、体操、取缔、客观、内在、量贩（批发）”等就是合成词。如果是日本按照汉字的日语读音音译的外语词，则应该看成单纯词。当然，现在要分清楚这些问题已经变得非常不容易。陆俭明认为，日语借形词是复音单纯词。①

三、叠音词

叠音词是由联合成义而不能单用的两个相同音节重叠而成的词。现代汉语叠音词总量不多。判断叠音词的条件：

第一，相同音节重叠。例如：翩翩、巍巍。

第二，单个音节不能单用。例如：冉冉升起≠冉升起

叠音字与叠音词的关系：

（1）构成叠音词的汉字无字义。例如对于“姗姗”中“姗”字，字典、词典没有进行任何解释，只是对“姗姗”整个词进行了解释。姗姗，形容走路缓慢从容。再如：

【袅袅】形容烟气缭绕升腾。　　　　【袅袅】≠袅［无字义］

【悻悻】怨恨，愤怒。　　　　　　　【悻悻】≠悻［无字义］

（2）构成叠音词的汉字有字义，但是其字义和叠音词本身的意思没有关联。例如“熊熊”，形容火势旺盛。“熊”，野兽名，二者之间无联系。再如：

【款款】忠实；慢慢地。

---

① 陆俭明．现代汉语［M］．北京：北京师范大学出版社，2012.70.

【款款】≠款［有字义：式样；……］

【奶奶】祖母；对老年妇人的尊称。

【奶奶】≠奶［有字义：乳房；乳汁；……］

（3）构成叠音词的汉字有字义，而且其字义和叠音词本身的意思有关联，但是该汉字不能单用。例如“岌岌”，岌，山高；危险。岌岌，形容山高；形容危险。二者之间有关联。再如：

【皑皑】白。　　【汹汹】声势浩大。

【皑皑】＝皑［有字义：白］　　【汹汹】＝汹［有字义：水向上翻腾］

一些叠音词是从古代发展过来的。有些叠音词从现代汉语的角度看是单纯词，可是从古代汉语的角度观察，组成它们的音节有意义，并与词义有关联。例如宋代易士达的《莫愁村》：

千古行人说莫愁，荒村依旧石城头。

不知艇子今何在，汉水滔滔空自流。

“滔滔”，形容大水奔流的样子。《说文解字》：“滔，水漫漫大貌。”可见今词“滔滔不绝”中的“滔滔”则是由形容水流之大发展出来的意义，比喻连续不断。“滔”在古代汉语中能否单用不太好判断，所以，在判断叠音词时必须根据现代汉语判断，如果要考虑古代汉语的因素，问题会变得很复杂，在操作上有难度。

有人认为这类情况不是单纯词，而是合成词。① 但是，我们认为，不能够把判断联绵词的“两个音节不单独表义，需要联合成义”的标准用来判断叠音词。关键在于能否单用，这才是判断叠音词的重要标准，否则无法跟重叠式合成词相区别。

从表达作用看，一般将叠音词划分为三类：

（1）情态类，例如：

瑟瑟　依依　脉脉　切切　沾沾　落落　堂堂

孜孜　冉冉　偏偏　洋洋　姗姗　津津　济济

汹汹　惺惺　匆匆　侃侃　耿耿　区区　茫茫

娓娓　隆隆　赳赳　熠熠　奕奕　飒飒　渐渐

（2）拟声类，例如：

嗷嗷　咕咕　呱呱　淙淙　潺潺

① 王跟国，裴瑞玲．叠音词的性质及相关概念［J］．语文知识．2013（1）：39．

（3）指称类，例如：

太太[①]　蝈蝈　蛐蛐　猩猩　姥姥　饽饽

有的叠音词还有构词能力，可以以它为基础构成一些词语。例如：

神采奕奕　依依不舍　脉脉含情　沾沾自喜　落落大方
孜孜不倦　津津有味　洋洋得意　姗姗来迟　人才济济
来势汹汹　侃侃而谈　耿耿于怀　区区小事　娓娓道来

第三节　合成词

合成词是由两个以上语素组成的词。英语也有合成词，例如：snowfall（下雪）= snow + fall，greenhouse（温室）= green + house，afternoon（下午）= after + noon，income（收入）= in + come。汉语合成词主要是由两个语素组成的词，三个以上的语素构成的合成词是少数。例如[②]：

孙媳妇　猫头鹰　交际花　缝纫机
角膜接触镜　牛鬼蛇神　电子信箱　关税壁垒
厄尔尼诺现象　个人所得税　老年性痴呆财产权
总悬浮颗粒物　自动柜员机　计算机断层扫描　教学法

根据邢红兵统计，在《（汉语水平）词汇等级大纲》6 881 个多音节词中，双音节词6 396 个，约占多音节词的93%，三音节以上的词仅仅占7%。当然，他所统计的多音节词里面也包含单纯词，但是单纯词的数量很少，从中也可以看出在合成词中双音节合成词占有明显的优势。[③]

我们这里也主要是讨论两个语素组成的合成词。现代汉语词汇中，合成词占了绝大多数，汉语合成词主要有复合式、附加式、重叠式三种构词方式。

一、词根与词缀

词根和词缀是从另外一个角度划分出来的一种语素，词根是表示基本词汇意

① 有人认为，"陈太太"可以说成"陈太"，"太"已经音节语素化了。我们认为，"陈太"可能还不是普通话的一个普遍说法，仅局限在方言层面。

② 这些词选自《现代汉语词典》2002 年增补本"新词新义"。

③ 邢红兵.《（汉语水平）词汇等级大纲》双音合成词语素统计分析［J］. 世界汉语教学，2006（3）：63 ~ 71.

义的语素，词缀就是无词汇意义仅表示语法意义的语素。合成词是由词根和词缀构成的，也可能是词根与词根构成的，但是，绝对不存在词缀与词缀构成合成词的情况。对汉语来讲，合成词的构成主要分三种情况：

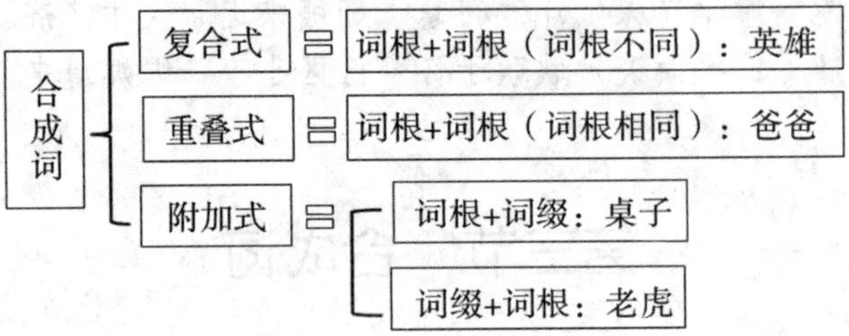

图 1－11　合成词类型示意图

我们认为，词缀有四个特点：第一，无词汇意义；第二，位置固定；第三，表示语法意义，提示词性；第四，有一定的构词能力。例如后缀“子”，在“桌子、钉子”中无词汇意义，该语法意义的时候它始终处于后面，提示名词。汉语个别词缀构成的词词性不完全相同。例如“于”：关于（介词）、在于（动词）、终于（副词）、由于（连词和介词）；“然”：突然（形容词）、果然（副词）、虽然（连词）；“巴”：下巴（名词）、结巴（形容词）；“化”：丑化（动词）、形象化（形容词）、机械化（名词）。

关于“第、初、小、老、阿、们”的性质问题。例如：

第一　第二　第六　第七　第八　第十

初一　初二　初三　初四　初七　初十

小王　小张　小刘　小黄　小吴　小马

老王　老张　老刘　老黄　老吴　老马

阿红　阿爸　阿妹　阿哥　阿英　阿毛①

我们认为，“第、初”是表示序数的助词，“小、老”是表示尊称、爱称的助词，“阿”是带有友好色彩的一个称呼助词。它们都不是词缀，因为词缀是一种构词的语素，以它为基础构成的必须是词。“第、初、小、老、阿”构成的不是词，而且从数量上看是无限的，不符合词的要求。

“们”，在“我们、你们、它们、他们、她们、人们、咱们”中是表示复数的词缀，在“同学们、朋友们、老乡们”中是表示复数的助词。至于“哥们儿、

---

① “阿”构成的词主要是“阿姨、阿婆”。

娘们儿”既可以表示单数，也可以表示复数，都是词缀。

对词缀的认定是有分歧的，下面是不同著作所列的词缀①，综合如下：

前缀：老师 阿姨 小姐 第一 初一

后缀：椅子 骨头 信儿 偶然 结巴 几乎

甚为 何其 猛地 沿着 独自 时而

凡是 别价 弹性 作者 绿化 勇于

水手 作家 党员 农夫 神气

下面是《现代汉语词典》第五版列出的词缀②：

前缀：阿哥 第一 非金属 老王 有夏 准将

后缀：干巴巴 盆儿 率尔 些个 在乎 上边

绿化 女人家 那么 我们 极其 东面

忽然 空空如也 医生 木头 大为高兴

党性 勇于 帽子

汉语真正的词缀特别少，甚至可以说是一种“稀缺资源”。因此，研究汉语词缀的价值就不是很大，于是大家提出了“类词缀”的概念。1979 年，吕叔湘在《汉语语法分析问题》中明确提出了“类前缀”和“类后缀”的术语。③

> 汉语里地道的语缀不多……有不少语素差不多可以算是前缀或后缀，然而还是差点儿，只可以称为类前缀和类后缀。……存在这种类前缀和类后缀可以说是汉语语缀的第一个特点。

类词缀是介于词缀与词根之间的一种词缀。它也有四个特点：第一，词汇意义虚化；第二，在词中出现的位置固定；第三，表示语法意义，提示词性；第四，有一定的构词能力。④ 例如：

家：政治家 思想家 革命家 军事家 指挥家

户：暴发户 专业户 个体户 关系户 贫困户

族：月光族 啃老族 追星族 打工族 上班族

单：单细胞 单簧管 单人舞 单眼皮 单音节

---

① 该部分列举的例子来源于：张斌. 新编现代汉语（第二版）[M]. 上海：复旦大学出版社，2008. 172；陆俭明. 现代汉语 [M]. 北京：北京师范大学出版社，2012. 71；邢福义. 现代汉语 [M]. 北京：高等教育出版社，2011. 175 ~ 176；邵敬敏. 现代汉语通论（第二版）[M]. 上海：上海教育出版社，2009. 117 ~ 118；张谊生. 现代汉语 [M]. 北京：中国人民大学出版社，2013. 181 ~ 182；黄伯荣，廖序东. 现代汉语（增订四版）：下册 [M]. 北京：高等教育出版社，2007. 224.

② 可能包含类词缀。

③ 吕叔湘. 汉语语法分析问题 [M]. 北京：商务印书馆，1979. 40 ~ 41.

④ 词缀和类词缀的区别在于有无词汇意义上，无词汇意义者为词缀，词汇意义虚化者为类词缀。

反：反革命　反动派　反比例　反光镜　反光灯

全：全自动　全身心　全家福　全日制　全天候

其他三点都容易判断，关键是第一个特点词汇意义虚化不太好判断。与虚化相对应的是实化，二者之间的界限是模糊的，意义弱化到什么程度才算是虚化，也就是说，虚化存在程度差异。所以，如果处理不好，必然会把类词缀扩大化。例如：全，在“全自动、全身心、全家福、全日制、全天候”中就是“全部、整个”的意思，明显具有词汇意义。“全”还可以构成许多词。例如：

全才　全称　全本　全程　全都　全额　全会

全集　全价　全景　全局　全力　全貌　全民

全能　全盘　全陪　全票　全球　全勤　全胜

全身　全数　全食　全速　全体　全托　全文

当然，这些词中“全”的意义还有差别，是否可以归结于不同意义的类词缀“全”呢？所以，类词缀概念，理论上可行，实际操作上有很大的难度。

沈光浩先生提出划分类词缀的标准，我们觉得还是可行的。他提出三个标准[①]：

> 第一，意义标准。一是类化，以一个类词缀为共同语素构成的派生词都具有某类词语意义；二是泛化，有些语素由于搭配范围的不断扩大，在多种组合中逐渐产生了意义由实到虚的扩大化、抽象化或虚灵化。第二，结构标准。类词缀的意义不能脱离词根而实现。第三，功能标准。类词缀在构词上具有类推性和能产性，每个类词缀都可以在类推机制的作用下和多种类型的词根成分组合成词，从而形成一系列具有相同类词缀标志的词族。

根据这些标准，他列出的类词缀如下：

类前缀：非～　准～　软～　零～　多～　超～

硬～　亚～　泛～　次～

类后缀：～员　～民　～师　～者　～手　～虫

～迷　～哥　～姐　～奴　～爷　～嫂

～客　～星　～盲　～友　～热　～霸

～城　～风　～门　～族　～坛　～家

～户　～界　～式　～型　～党　～版

～妹　～吧

---

① 沈光浩. 现代汉语类词缀的界定标准与范围［J］. 河北师范大学学报（哲学社会科学版），2011（3）：109～113.

类词缀同样也有分歧，下面是不同著作所列的类词缀[①]，综合如下：

类前缀：**单**相思 **全**方位 **半**自动 **超**音速 **次**大陆
非金属 **类**人猿 **前**苏联 **亚**热带 **准**军事
多方位 **泛**大陆 **后**现代 **伪**科学 **高**层次
反侵略 **小**环境 **大**气候 **多**渠道 **自**强
见笑 **有**趣 **打**扫 **相**通 **加**害 **本**人 **可**爱

类后缀：编**者** 学**员** 旗**手** 法**师** 天**才** 博**士** 书**生** 车**夫**
电**工** 船**民** 好**汉** 暴**徒** 光**棍** 木**匠** 烟**鬼** 混**蛋**
球**迷** 老**翁** 战**犯** 工**友** 网**虫** 作**家** 左**派** 法**盲**
手**法** 体**坛** 派**别** 工**具** 工**种** 物**件** 液**体** 热**带**
防**线** 手**机** 力**学** 农**业** 凶**器** 悲**观** 弹**性** 概**率**
毒**品** 本**来** 性**感** 蛙**式** 重**型** 娇**气** 折**腾** 记**得**
急**切** 可**以** 嘴**巴** 突**然** 敢**于** 体**坛** 淡**化** 黑**客**
文**替** 影视**界** 英语**角** 进化**论** 出国**热** 知名**度**
打工**族** 立体**感** 抢购**风** 专业**户** 温室**效应**
毛泽东**时代** 自由**主义** 忧患**意识** 希望**工程** 超生**现象**

汉语还有叠音后缀，它可以分为两类。一类是真正的叠音后缀，叠音部分无词汇意义。例如：黑乎乎、脏兮兮、紧巴巴、圆溜溜、喜滋滋。另一类是类叠音后缀，叠音部分词汇意义虚化。例如：绿油油、胖墩墩，其中“油油”含有油光发亮的意思，“墩墩”有描绘体积形状的意思。类叠音后缀还有：

雨**蒙蒙** 黑**沉沉** 亮**晃晃** 慢**悠悠** 活**生生** 水**汪汪**
血**淋林** 笑**嘻嘻** 喜**洋洋** 闹**哄哄** 红**彤彤** 金**灿灿**

二、重叠式

重叠式就是相同词根重叠形成的合成词。它与单纯词中的叠音词的根本区别在于是否可以单用，能够单用的是重叠式合成词，不能够单用的是叠音单纯词。

---

① 张斌．新编现代汉语（第二版）［M］．上海：复旦大学出版社，2008．173～176；邵敬敏．现代汉语通论（第二版）［M］．上海：上海教育出版社，2009．117～118；张谊生．现代汉语［M］．北京：中国人民大学出版社，2013．181～182．

具体而言，重叠式有两种情况：

（1）可以单用，单用时候的意义与重叠时候的意义相同。例如：

爸爸：爸爸，我上学去了。

爸，我上学去了。

刚刚：他刚刚走了。

他刚走了。

类似的词还有：

妈妈　哥哥　姐姐　弟弟　妹妹　常常

仅仅　万万　稍稍　爷爷　舅舅　叔叔

姑姑　爹爹　星星　伯伯　常常　单单

婆婆　嫂嫂　娃娃　谢谢　早早　整整

（2）可以单用，单用时候的意义与重叠时候的意义相近或者不同。例如：

美美：我们今天要美美地吃一顿。

＊我们今天要美地吃一顿。

她长得很美。

久久：他的心情久久不能平静。

＊他的心情久不能平静。

时间过了很久了。

草草：比赛草草收场。

＊比赛草收场。

花园里长满了草。

类似的词还有：

好好　平平　暗暗　多多　宝宝　一一

重重　斤斤　鼎鼎　断断　乖乖　通通

每每　时时　偷偷　团团　闪闪　连连

从语素的性质看，有以下几种情况：

名词性语素＋名词性语素：爸爸、妈妈、姐姐。

形容词性语素＋形容词性语素：重重、好好、多多。

副词性语素＋副词性语素：刚刚、仅仅、偏偏。

动词性语素＋动词性语素：偷偷、闪闪、连连。

三、附加式

附加式就是由词根与词缀组合形成的合成词。它主要有前缀式和后缀式两种类型。

1. 前缀式

前缀式就是“词缀 + 词根”构成的附加式。例如：

真词缀

老：老虎　老师　老鼠　老婆　老板

类词缀

非：非卖品　非物质文化遗产　非再生资源

半：半文盲　半封建　半殖民地　半成品

次：次大陆　次声波　次生林　次声武器

类：类人猿　类地行星　类激素　类木行星

准：准平原　准军事　准宾语　准词缀

反；反物质　反作用　反函数　反坦克炮

亚：亚音速　亚热带　亚健康　亚硫酸

超：超能力　超固态　超负荷　超新星

零：零距离　零声母　零增长　零风险

2. 后缀式[①]

后缀式就是“词根 + 词缀”构成的附加式。例如：

真词缀

子：凳子　桌子　杯子　瓶子　鞋子

头：石头　馒头　砖头　甜头　念头

性：弹性　硬性　惰性　党性　原则性

者：作者　编者　读者　记者　学者

化：绿化　美化　深化　大众化　自动化

于：在于　善于　勇于　敢于　长于

巴：下巴　结巴　尾巴　磕巴　锅巴

---

① “儿”是儿化词书面标记符号，起提示儿化的作用，不是词缀。

然：突然　忽然　猛然　悄然　居然
而：因而　幸而　然而　时而　继而
着：顺着　朝着　沿着　随着　照着

类词缀
员：职员　教员　学员　党员　会员
手：高手　旗手　猎手
家：作家　画家　思想家　音乐家　教育家①
　　农家　船家　厂家　商家　渔家
热：炒股热　汉语热　考研热　出国热
论：进化论　天才论　量子论　相对论
户：万元户　暴发户　破落户　单干户
族：打工族　工薪族　上班族　追星族
风：耳边风　破伤风　羊角风　出国风
度：知名度　加速度　曝光度　能见度

还有极少数的中缀如“里”，“傻里傻气、妖里妖气、土里土气、古里古怪、糊里糊涂”等。

汉语大部分词缀都可以充当词根，要注意与词缀的分辨，下面例子都是词根。例如：

老：老人　老病　老调　老汉　老话
子：原子　独子　长子　莲子　游子
头：床头　船头　墙头　烟头　葱头
性：男性　女性　雄性　雌性　同性
化：变化　熔化　消化　转化　激化

四、复合式

复合式就是由词根与词根组合构成的合成词。根据内部结构关系的不同可以分为联合型、偏正型、中补型、动宾型、主谓型、连动型、兼语型以及方位型、量词型、介词型等。以两个语素为例，分别表示为 X 和 Y。

---

① “家”也可以充当真后缀，例如：老人家、女儿家、姑娘家。

1．联合型

联合型就是由两个意义相近、相反或相关的词根并列组合而成的词语。联合关系有三个特点：第一，结构独立，X 和 Y 两个语素之间没有修饰与被修饰的关系，是并列关系。第二，X 和两个语素词性基本相同。第三，X 和 Y 语义关联，具有相近、相反、相关的联系。图示如下：

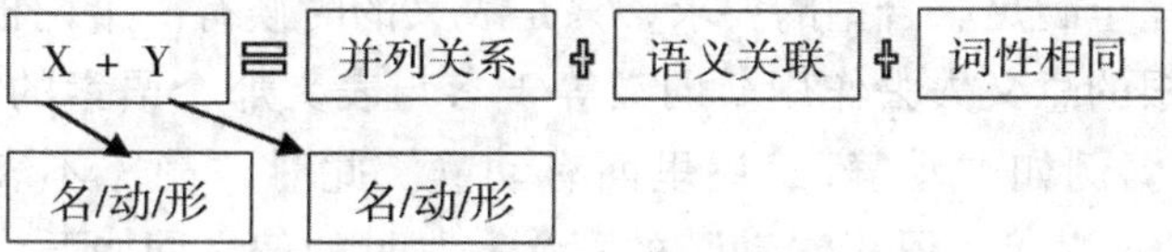

图 1－12　联合型示意图

基本的语义关系有三种。

A．近义：休息　计算　制造　声音　建造　道路
语言　改革　变化　喜欢　完整　根本
思想　停止　愉快　美好　恐惧　研究
依靠　长久　爱好　观看　善良　增加

若 X 和 Y 两个语素意义相近，甚至相同，表示为：X≈Y。整个词的意义基本上等于每个语素的意义，则表示为：X + Y = X = Y。①

B．反义：买卖　来往　早晚　开关　教学　东西
反正　始终　是非　高低　长短　出纳

X 和 Y 两个语素意义相反，表示为：X = －Y 或－X = Y。词义与语素义的关系复杂，有的是两个语素的简单相加，例如“教学、出纳”等；有的需要概括引申，例如“早晚”不是“早”和“晚”，而是迟早的意思；“开关”不是“开”和“关”，而是一种电源闭合器件；“东西”不是方向，而是物品。

这种反义关系分为绝对反义和相对反义，绝对反义关系就是事物本身就具有相反关系，例如“反正、始终、是非”等；相对反义关系就是事物本身不是相反关系，而是社会习惯形成的，例如“东西、横竖”等。

C．类义：江山　眉目　岁月　领袖　骨肉　手足
矛盾　血汗　尺寸　口舌　笔墨　皮毛

X 和 Y 两个语素意义既不相反，也不相近，二者的关系是类属关系，是某种

① 类似于短语中的同位关系。

分类。例如“江山”是地形地貌的分类，“眉目”是人体面部结构的分类，“岁月”是时间概念，“领袖”是上衣结构的分类，“骨肉”是人体组织结构的分类。词义不是两个语素的简单相加，而是二者组合之后产生的比喻义、引申义等。例如“江山”指祖国，“眉目”指线索，“岁月”指时间，“领袖”指伟人，“骨肉”指亲情，“矛盾”指障碍等。

联合型词中有一种特殊的词——偏义词，偏义词就是只有一个语素参与表义的词。其特点完全满足联合型的要求，只是表义的时候有一个词根的意义在起作用，另一个词根的意义失去作用。词义等于参与表义那个语素的意义，表示为：X + Y = X 或 Y。例如“动静”，屋里面有动静。此时“静”不表义，“动”表义，“动静”的意义等于语素“动”的意义。常见的偏义词如下：

痛快　忘记　质量　国家　窗户　妻子

干净　人物　好歹　女儿　人马　兄弟

从 X 和 Y 的语义关系看，偏义词也具有近义、反义和类义三种。例如：

近义：干净

反义：痛快　忘记　好歹　女儿　兄弟　质量

类义：国家　窗户　人物　人马　妻子

从偏义语素的位置看，偏义词有的是前一个语素失去意义，例如：痛快、好歹、干净；有的是后一个语素失去意义，例如：忘记、女儿、质量、国家、窗户、人物、人马、妻子等。

偏义词是怎样形成的？这个词是否一开始就是偏义词？这些问题目前还不是很清楚。但是，我们发现有的偏义词最初不是偏义的，而是两个语素都参与表义的。①

从 X 和 Y 两个语素的词性看，联合型（包含偏义词）有以下组合形式：

（1）动词性语素 + 动词性语素。

休息　计算　制造　改革　变化　停止

依靠　爱好　观看　研究　增加　买卖

来往　开关　教学　出纳　收集　忘记

（2）名词性语素 + 名词性语素。

根本　道路　语言　火柴　江山　眉目

岁月　领袖　骨肉　手足　矛盾　血汗

尺寸　口舌　笔墨　皮毛　声音　风雨

① 参见语素分类部分中的偏义语素。

质量 国家 窗户 妻子 女儿 人马

(3) 形容词性语素+形容词性语素。

愉快 美好 长久 善良 完整 曲折 痛快

是非 高低 长短 早晚 迟早 丑恶 好歹

从形成的词的词性看,“动词性语素+动词性语素”主要形成的是动词,“名词性语素+名词性语素”主要形成的是名词,“形容词性语素+形容词性语素”主要形成的是形容词、名词、副词等。

2. 偏正型

偏正型是由前一词根修饰限制后一词根组合而成的。词义以后一词根为主,前一词根为辅,后一词根是整个词的核心,也决定了该词的词性。就关系而言,有定中关系和状中关系两种。图示如下:

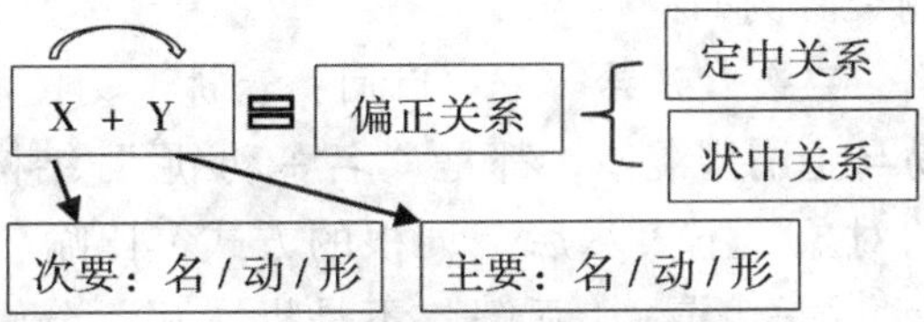

图1-13 偏正型示意图

(1) 定中关系。

前一词根相当于定语,后一词根是中心,多半是名词性语素,前一词根的词性有名词性、动词性和形容词性等,整个词基本上属于名词。例如:

名+名:草帽 火车 手表 雨衣 墨水 毛笔

电灯 象牙 冰箱 衣柜 民工 国旗

形+名:白酒 黑板 新房 香肠 红军 坏蛋

大海 小人 老农 轻装 肥田 低谷

动+名:开水 立柜 摇篮 战场 走狗 赛事

看客 流星 漏勺 建材 打手 存单

(2) 状中关系。

前一词根相当于状语,后一词根是中心,多半是谓词性语素,前一词根的词性有名词性、动词性和形容词性等,整个词有的属于动词,有的属于形容词。例如:

①前一词根为名词性语素。

名+动：席卷　瓦解　囊括　龟缩　蛇行　狐疑
铁定　笔谈　春耕　夏收　鱼跃　空袭
铲除　林立　掌握　包围　蚕食　圈养

名+形：金贵　肤浅　笔直　漆黑　火热　雪白
蜡黄　枣红　天大　油亮　冰冷　碧绿
天蓝　冰凉　橙黄　铁青　童真　猴急

“名+动”构成的一般是动词，“名+形”构成的一般是状态词。从前一词根的性质看，主要表示比喻、方式、时间等。例如：

比喻：席卷　瓦解　囊括　龟缩　蛇行　狐疑
金贵　肤浅　笔直　漆黑　火热　雪白

比喻类可用“像……一样”来理解，这类词绝大部分属于比喻类，“名+形”类基本上是比喻类。例如：

方式：笔谈　空袭　法治　　　时间：春耕　夏收　午休

此类形式上容易与主谓型混淆，都是“名+动/形”结构。但是，主谓型的前一词根是被陈述的对象，不表示后一词根的方式、比喻、时间等。例如“地震”，就是指大地震动，是主谓；“瓦解”不是指“瓦”分解，而是指像瓦片一样分解，是偏正。

②前一词根为动词性语素。

动+形：透明　飞快　滚圆　通红　　　动+动：合唱

前一词根主要表示程度，例如“透明”是非常明亮的意思，“飞快”是非常快的意思。

③前一词根为形容词性语素。

形+动：重视　轻信　热爱　速记　胡闹　漫谈

形+形：鲜红　浅黄　嫩绿　蔚蓝　深绿　浅蓝

前一词根主要表示程度、方式、性质、状态等，例如“浅黄”是表示程度，“速记”表示方式，“胡闹”表示性质，“嫩绿”表示状态。

④其他类。

主要由副词性语素与动词性、形容词性语素构成。例如：

再生　稍息　暂停　顿悟　不论　不管　不了
不快　不当　不和　没有　没完　没差　再审
再婚　再现　暂缓　暂行　总是　总归　极顶
极为　更加　共处　共管　共和　太平　曾经

3. 中补型

标准的中补型词语是由后一词根补充说明前一词根组合而成的。词义以前一词根为主，后一词根为辅，后一词根是前一词根的目的、要求等，相当于补语，前一词根是整个词的核心，也决定了该词的词性。图示如下：

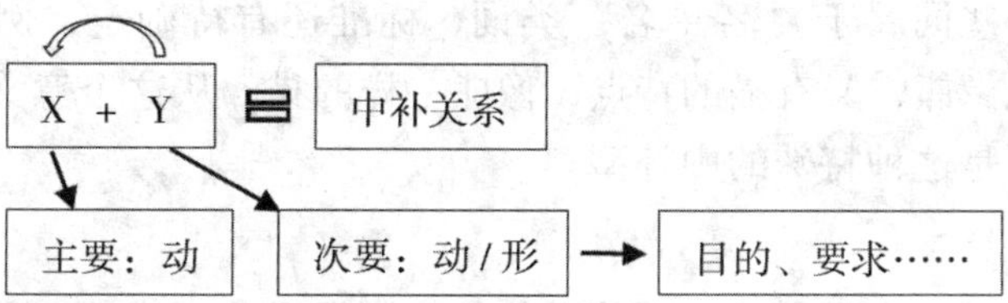

图 1－14　典型中补型示意图

中补型主要有两类，一类是动词性词根为中心部分，这类是典型的中补关系，构成的词基本上都是动词；一类是名词性词根为中心部分，这类是特殊的中补关系，构成的词基本上都是名词。

（1）前一词根为动词性语素。

动＋动：	看见	推翻	展开	推动	揭穿	合成
	说服	压缩	打倒	留住	扩展	放开
	改进	感到	毁坏	惊动	跑偏	抢通
	融通	收回	推出	退回	兴起	促进
动＋形：	改善	纠正	降低	说明	放大	缩小
	提高	扩大	搞好	降低	弄清	纠正
	冻僵	延长	减少	指明	破坏	抹黑

（2）前一词根为名词性语素。

名＋量：	花朵	土方	钟点	枪支	房间	书本
	人口	车辆	马匹	信件	银两	事件
	船只	纸张	稿件	羊群	花束	冰块
名＋名：	雪花	月球	耳朵	脑海	云海	地球

“名＋量”类是名词与量词的组合，它可以改写成“数词＋量词＋名词”格式，例如“花朵”，一朵花；“枪支”，一支枪。在这类词中，量词已经失去表义作用，但是，这类词与偏义词还不同，偏义词是联合关系，也不能变换格式。

“名＋名”类更显特殊一些，表面上看是偏正关系，但是，它的重点在前一个词根。例如“雪花”，不是雪一样的花，而是花一样的雪。当然，这类词是归入偏正型，还是归入中补型，大家还有分歧。[①] 我们认为，从含义上和中心词根所处的位置上看还是归入中补型好一些。确实，这类中补型与偏正型是不一样的。试比较：

雪花：雪人、雪山、雪橇、雪豹、雪灾

地球：篮球、足球、手球、煤球、气球

另外，哪一些词属于“名 + 名”类词，标准还有待确定，例如：“熊猫”，从外形看，它既像熊，又有猫的特点，像熊一样的猫，从这个意义上讲，这个词是偏正型，而不是这种特殊的中补型。

4. 动宾型

动宾型是由具有支配和被支配关系的两个词根组合而成的。前一词根表示动作行为，后一词根表示动作行为所支配关涉的对象，又叫支配型、述宾型。图示如下：

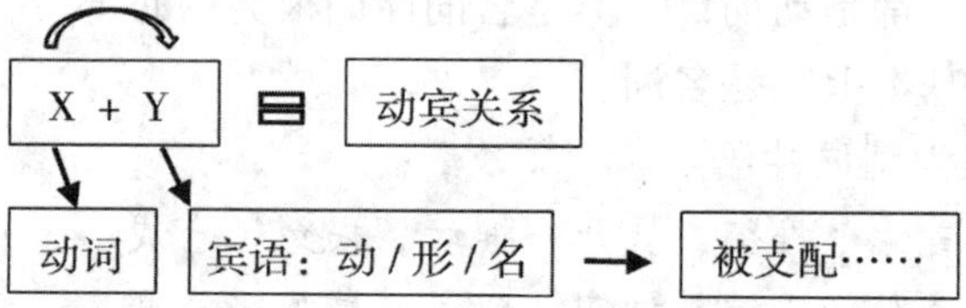

图 1－15　动宾型示意图

从语素的词性看，动宾型的主要组合形式如下：

动 + 名：	关心	留意	投机	播音	干事	管家
	司机	司令	知己	绑腿	理事	掌柜
	枕头	垫肩	用功	效力	提包	出席
	革命	提纲	扶手	动人	主席	合法
	动员	吹牛	开幕	担心	起草	道歉
动 + 形：	举重	吃香	讲和	守旧	害羞	失明
动 + 动：	效劳	抱怨	失望	怀疑	催眠	报关

从整个词的词性看，主要有名词、动词和形容词三种，可见以动词性语素为核心的动宾型词语并不都是动词，也说明词的结构关系与整个词的词性之间并不是一一对应的。例如：

① 有的书上称之为后偏式，后一语素修饰前一语素。

名词：干事 管家 司机 司令 知己 绑腿
理事 掌柜 枕头 垫肩 提包 提纲
扶手 主席 举重

动词：关心 留意 投机 动员 吹牛 开幕
担心 起草 道歉 革命 毕业 抱怨

形容词：用功 失望 缺德 吃力 得意 守旧
伤心 害羞 认生 吃香 入迷

偏正型和动宾型都有“动+名”格式，要注意区别。例如：

偏正型：看客 流星 漏勺 建材 打手 存单
动宾型：播音 道歉 干事 管家 知己 绑腿

偏正型有主次之分，重点在后一词根，前后之间是修饰限制关系，都是名词，而且还可以把它改成定中关系的短语，插入“的”。例如：

看客：看……的人 流星：流动的星星 漏勺：筛……的勺子
建材：建……的材料 打手：打人的人 存单：存钱的单子

动宾型没有主次之分，前一词根表示动作行为，后一词根表示动作行为所支配关涉的对象，有的是名词，有的是动词，而且也可以把它改成动宾关系的短语。例如：

播音：播出声音 道歉：表达歉意 干事：干事情
管家：管理家务 知己：了解自己 绑腿：绑住腿

从词性看，“动+名”格式构成的动词一定是动宾型，只有是名词的时候，二者之间才会混淆，但按照主次差别就可以区分。

5．**主谓型**

主谓型就是由具有主谓关系的两个词根组合而成的。前一词根表示被陈述的事物，相当于主语，主要由名词性词根充当，后一词根是陈述前一词根的，相当于谓语，表示动作行为、性质等，主要由动词性、形容词性词根充当，又称为陈述式。图示如下：

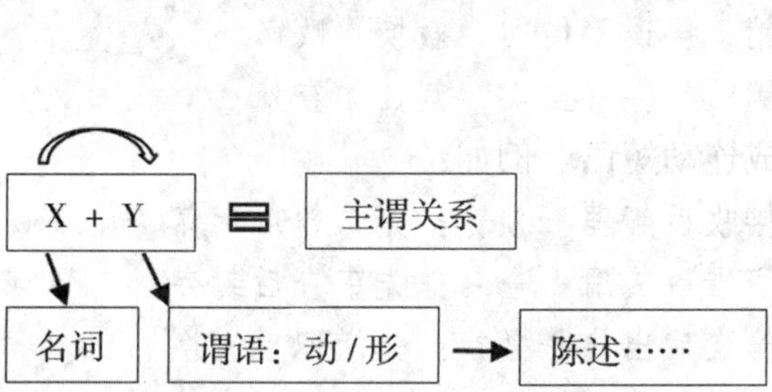

图1-16 主谓型示意图

从语素的词性看，主谓型的主要组合形式如下：

名＋动：海啸　地震　人为　兵变　国营　自学
　　　　霜降　日食　自主　事变　雪崩　耳鸣
　　　　面熟　气喘　冬至　病变　唇裂　鸟瞰

名＋形：性急　手软　眼红　肉麻　心虚　嘴硬
　　　　年轻　头疼　眼花　心酸　胆怯　月亮
　　　　豆腐　自卑　眼热　心烦　自强　手重

另外，还有一种特殊的主谓型，例如“口罩、物产”，从语义关系上看，它实际上是动宾型，“口罩、物产”实际上是“罩口、产物”。

6. 其他类型

词的结构比较复杂，还有其他一些结构关系，比如连动型、兼语型等。

（1）连动型。

前后两个词根都是动词性的，相当于两个谓语，并且两个词根存在时间先后关系等，隐含着相同的主语或施事。例如“退休”，先“退”，后“休”。图示如下：

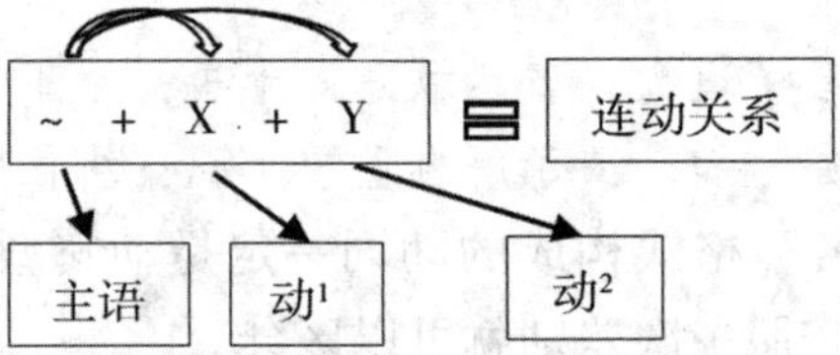

图1－17　连动型示意图

其他如：

接管　领养　借用　查封　收看　来访
认领　核销　接谈　借阅　撤换　败露
扮演　报销　封存　盗卖　割让　查处

连动型可以改成连动短语。例如：

接管：先接收后管理　领养：先认领后抚养
借用：先租借后使用　查封：先审查后封存
盗卖：先偷盗后出售　撤换：先撤职后更换

连动型同连动句类似。例如：

我去学校上语文课。　　他吃完饭走了。

（2）兼语型。

前后两个词根都是动词性的，其中前一个词根隐含的宾语或受事是后一个词根的主语或施事。例如“逼供”相当于“逼某人招供”，“某人”既是“逼”的宾语，又是“招供”的主语，故为兼语。图示如下：

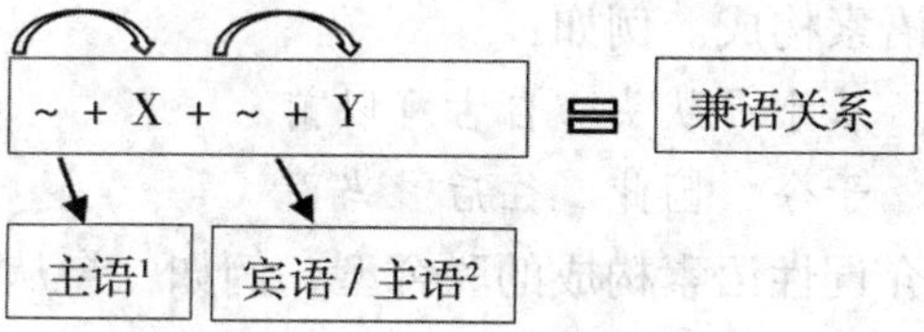

图 1－18　兼语型示意图

其他如：

请教　逗笑　迫降　遣散　请示　召集
诱降　遣返　召见　劝退　迫害　引见
催办　催眠　派驻　逼供　托管　求饶
求见　求爱　求助　请赏　诱供　诱惑

兼语型可以改成兼语短语。例如：

请教：请他指教　　逗笑：逗她笑　　迫降：迫使飞机降落
遣散：使他们分散　迫害：使他受害　催办：催他办理
派驻：派他驻　　　逼供：逼他招供　托管：委托他管理

兼语型同兼语句类似。例如：

他派我去。　　　领导要小李赔偿。

还有一种兼语和连动融合的复合词。例如“诱捕”，甲引诱和逮捕，属连动关系；乙是被引诱的对象，又是被逮捕的主体，属兼语关系。“遣送、抽调、提审”也是如此。这种情况同兼语句和连动句的融合句一样。例如：

我送她去车站。　　　我陪她看电影。

（3）方位型。

方位型中的方位词语素基本都虚化了。例如：

世上　马上　堂上　天上　祖上　泉下
乡下　门下　手下　目下　地下　笔下
脚下　眼下　麾下　殿下　心里　头里
郊外　塞外　海外　课外　关外　例外

(4) 量词型。

量词型由量词性语素与数词、代词性语素组成。例如：

那个　这个　一些　那些　这些　哪些

一点儿　半点儿　这么点儿　那么点儿

(5) 介词型。

介词型由介词性语素构成。例如：

从此　从前　从小　从头　自古　以前

以往　以后　于今　因此　往后　当面

另外，还有两个介词性语素构成的联合型，例如：自从、自打。

方位型、量词型、介词型所构成的复合词非常少，算是特例。由此可见，汉语短语存在的结构关系在复合词中也基本上存在，这说明汉语词法与句法具有一致性。

汉语词汇丰富，形成词的方式多种多样，其来源也不尽相同，因此很难用这几种方法来分析所有词的结构。另外，大约有5%的词由于来源不明还不能确定其结构关系，例如“斯文”来自古诗文，“文明”来自日语借形词，它们的结构就难以明确。

如何判断词的结构关系？我们提出一种排除法，即根据词性情况排除一些可能性结构关系，缩小范围，最后再根据各种关系的特点得出结论。下面是五种基本类型的总结：

表1-4　复合词结构关系总表

	词根$_1$	词根$_2$	词性	关系	主次
联合	n. v. a.	n. v. a.	词性同	并列关系	无主次
偏正	n. v. a.	n. v. a.	词性同或异	修饰关系	有主次
中补	v.	v. a.	词性同或异	补充关系	有主次
动宾	v.	n. v. a.	词性同或异	支配关系	无主次
主谓	n.	v. a.	词性异	陈述关系	无主次

举例说明如下①：

独立：独，形容词性；立，动词性。词性不同，可以排除联合型，词根$_1$是

① 例中的“词根$_1$”指词的第一个字，“词根$_2$”指词的第二个字。

形容词性，可以排除中补型、动宾型、主谓型，结论为偏正型。

补考：补，动词性；考，动词性。词性相同，可以排除主谓型，重点是“考”，有主次，可以排除联合型、动宾型，重点位置在后，结论为偏正型。

民主：民，名词性；主，做主，动词性。词性不同，可以排除联合型，词根$_1$是名词性，可以排除中补型、动宾型，无主次，结论为主谓型。

美丽：美，形容词性；丽，形容词性。词性相同，排除主谓型，词根$_1$为形容词性，排除中补型、动宾型，无主次，结论为联合型。

丢脸：丢，动词性；脸，名词性。词性不同，排除联合型，词根$_1$为动词性，排除主谓型，无主次，结论为动宾型。

集中：集，动词性；中，名词性。词性不同，排除联合型，词根$_1$为动词性，排除主谓型，有主次，重点在前，结论为中补型。

烧饼：烧，动词性；饼，名词性。词性不同，排除联合型，词根$_2$为名词性，排除主谓型、中补型，有主次，结论为偏正型。

粉饰：粉，名词性；饰，动词性。词性不同，排除联合型，词根$_1$为名词性，排除动宾型、中补型，有主次，结论为偏正型。

五、词的内部结构层次

除了两个语素构成的复合词之外，三个以上语素构成的复合词逐渐增多，其结构是有层次的，其关系也主要是这五种基本关系，分析机理跟短语的层次分析差不多。例如：

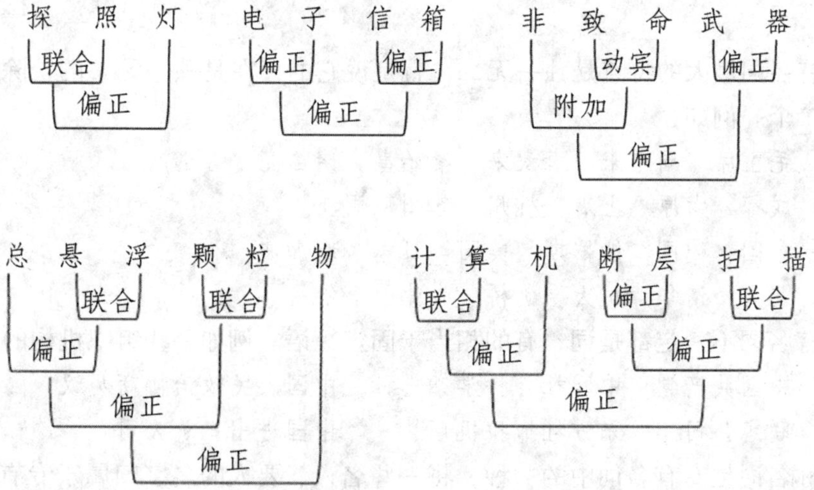

第二章　主干词类

第一节　名词

一、名词的意义和种类

名词就是表示人和事物名称的词。名词在各类词中数量是最多的，包括社会生活的方方面面。也正因为如此，名词可以从不同角度进行分类。不同的语言由于自身情况不同，名词的分类也有差异，例如英语就有可数名词和不可数名词的分类，但这对汉语意义不大。下面我们将结合汉语自身的特点对名词进行分类。

1. 专有名词和普通名词

根据名词的特征性质可以分为专有名词和普通名词。专有名词就是表示人名、地名、国名、团体、机构、厂矿、企业等专有名称的名词，除此之外则为普通名词。例如：北京、林则徐、国务院为专有名词；人民、军队、汽车为普通名词。

专有名词最大的特点是独一无二，就是说它的存在是独一无二的，除此以外没有第二个。例如：

毛主席　周恩来　唐太宗　秦始皇　诸葛亮　鲁迅

成都　太原　上海　杭州　苏州　周庄

中国　德国　俄罗斯　美国　日本　新加坡

北大　清华　川大　剑桥　牛津　哈佛

专有名词不一定都是词，有的相当于固定短语。例如一些组织机构的名称：

中国共产党　中国社会科学杂志社　中国人民政治协商会议

联想公司　东方红拖拉机厂　中国进出口总公司

人称名词是专有名词中的一种，将一些名人、要人的名字归属于专有名词大家没有分歧，但是，普通人名是不是专有名词却有争议。尽管普通人名存在重名的情况，但是，父母在给孩子取名字的时候是不会重复的，在该人名所在的一定范围内是独一无二的。我们认为，普通人名应该看成专有名词。

一般情况下，“量词+专有名词”不成立，但是有个别专有名词则可以。例如《东方红》歌词：

东方红，太阳升，中国出了**个毛泽东**；他为人民谋幸福，呼儿嗨哟，他是人民大救星。

2. 个体名词和集体名词

从名词数目的角度可以分为个体名词和集体名词。个体名词是表示单个人和事物的名词，集体名词是表示一群人或一些事物的名词。个体名词和集体名词主要是从英语引入的概念，它们往往同可数名词和不可数名词相对应，个体名词往往是可数名词，集体名词有的是不可数名词。例如：

个体名词

毛笔　凳子　风扇　房间　学生　香蕉

工厂　医生　朋友　电影　少女　男孩

集体名词

衣服　家具　警察　家庭　集团　树木

纸张　商品　机械　交通　风光　首饰

个体名词和集体名词在解释汉语一些组合规则时也有作用。例如：

一棵树　　　*一棵树林

*一片树　　一片树林

“树”是个体名词，只能说“一棵树”，不能说“一片树”；“树林”是集体名词，只能说“一片树林”，不能说“一棵树林”。

3. 物质名词和精神名词

从物质与非物质的角度可以分为物质名词和精神名词（非物质名词）。物质名词就是具有物质形态的名词，精神名词就是不具备物质形态的人类精神意识方面的名词。过去一般把名词分为物质名词和抽象名词，我们认为，抽象与物质是不同范畴的概念，抽象与具体是相对应的一组概念，而且物质名词中有的就是抽象的，例如原子、分子。所以，将名词分为物质名词与精神名词是恰当的。物质名词又可以分为抽象名词和具体名词，具有具体形状特征的就是具体名词，反之则为抽象名词。例如：

物质名词

抽象名词：空气　电流　电子　气压　工具　武器

具体名词：汽车　老虎　书包　河流　稻谷　米饭

精神名词

健康　思想　友情　情感　理想　愿望

4. 特殊名词

（1）时间名词。

表达时间概念的名词。例如：今天、去年。

（2）处所名词。

表达地点场所概念的名词。例如：北京、学校。

（3）方位名词。

方位名词是与名词组合构成方位短语的名词。例如：上、下。

（4）关系名词。

关系名词就是表达人与人之间关系的名词。例如：

同事　同学　同乡　夫妻　夫妇　兄弟

兄妹　战友　朋友　知己　敌人　对手

亲戚　仇人　同伴　同伙　舞伴　老伴

父子　母子　姐妹　姐弟　邻居　乡亲

关系名词有的表示永久关系，有的表示暂时关系，有的甚至还影响到句子的表达。例如：

张三与李四是同胞兄弟。（永久关系）

*张三与李四曾经是同胞兄弟。（永久关系）

张三与李四是朋友。（暂时关系）

张三与李四曾经是朋友。（暂时关系）

（5）次序名词。

次序名词就是含有顺序差异的名词。例如：小学、中学、大学；初赛、复赛、决赛；初试、复试；助教、讲师、副教授、教授；学士、硕士、博士。次序名词有的是可循环的，例如：春天、夏天、秋天、冬天。有的是不可循环的，例如：前天、昨天、今天、明天、后天。

另外，军衔是典型的次序名词。例如：

兵：列兵、上等兵　　　　　　士官：上士、中士、下士、军士长

尉官：上尉、中尉、少尉　　　　校官：上校、中校、少校、大校

将官：上将、中将、少将、准将、元帅

名词分类图示如下：

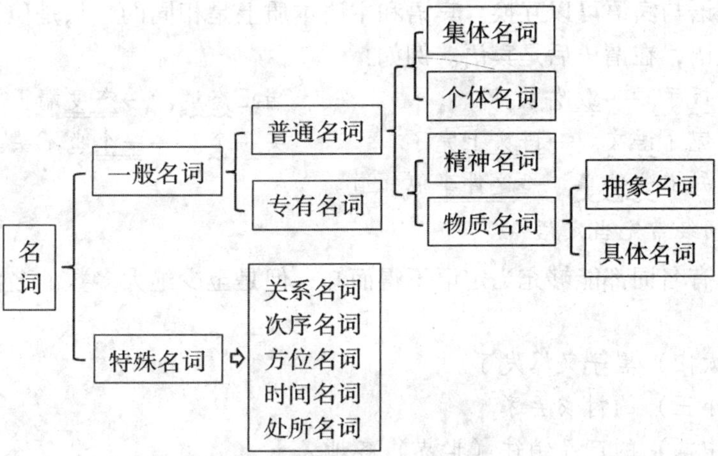

图2－1　名词分类示意图

二、名词的语法特征

1．*名词原则上必须充当主语或宾语*

一般认为，名词经常充当主语和宾语，但我们认为，名词必须充当主语或者宾语，这是名词必备的条件。例如：

太阳出来了。　　　　她买了一支钢笔。

汽车开走了。　　　　家里来了一个客人。

祖国繁荣昌盛。　　　我明天去重庆。

苹果已经坏了。　　　老师充分理解同学们。

有的名词充当主语多一些，有的名词充当宾语多一些，还有的名词既可以充当主语，又可以充当宾语。例如：

学生已经放学了。

班主任要了解每个学生。

思想要解放。

要解放思想。

飞机在空中盘旋。

我们击落了敌人的飞机。

如果一个词根本不充当主语或者宾语，那么，它不可能是名词。充当主语或者宾语是判断名词的必要条件。

有时主语与宾语可以互换。宾语和主语本质上是相同的，只是位置不同，在谓语前是主语，在谓语后是宾语。例如：

吃饭了。→饭吃了。　　端正态度。→态度端正。

上完了语文。→语文上完了　　买一个。→一个也不买。

他知道这件事。→这件事他知道。

2. 名词经常充当定语

是否所有名词都能够充当定语不得而知，但是至少绝大多数的名词可以充当定语。例如：

（太阳）黑子又爆发了。

（小王）的衬衣丢了。

（中国）的产品销往（世界）各地。

他突破了（道德）的底线。

我们要积极参加（群众）的活动。

莫言是（中国）第一个获得诺贝尔文学奖的作家。

3. 部分名词充当状语

绝大多数名词不充当状语，只有时间名词和处所名词可以充当状语，这点是大家认可的。例如：

[昨天] 召开了家长会。　　他们俩 [傍晚] 一起漫步。

你们 [办公室] 讨论。(不在这里讨论)　　咱们 [法庭] 见。

当然，时间名词和处所名词可以同时出现在句子里。例如：

我们 [明年] [上海] 再会。

他俩 [昨天] [咖啡厅] 见了一面。

运动员们 [2008 年] [北京] 见。

过去，一般名词充当状语存在争议，但是，现在大家已经认可，部分名词可以充当状语。近年来，这种情况逐渐增多。例如：

你马上 [电话] 联系她。　　产品质量 [直线] 上升。

现在 [广播] 找人。　　[历史] 地看待问题。

一般名词哪些可以充当状语？孙德金对此进行过系统地探讨[①]，他对国家汉办的《HSK 词汇等级大纲》中的名词逐个进行功能考察，结果是，词表的 3 892 个名词中，有 56 个可以作状语，占名词总数的 1.4%，它们是：

暗中	暴力	背后	表面	部分	侧面	低温	动态	反面
高度	高温	高压	根本	规模	和平	集体	集团	精神
局部	科技	口头	内部	气功	曲线	全部	全力	盛情
荣誉	实话	实况	事实	手工	书面	顺序	团体	微观
武力	武装	现场	现金	现钱	协议	义务	阴谋	友情
原则	战术	战略	掌声	真心	正面	政治	直线	志愿

刘慧清对此也进行过研究，补充了一些一般名词[②]：

本科	博士	厂价	成本	初中	大班	大处	大脚	大碗
大学	大专	大字	刀刃	低调	低价	低息	底线	地主
电话	电视	动力	恶意	飞机	福利	富农	感情	干部
高价	高薪	高中	公费	公款	工人	好心	黄牌	火线
货币	红牌	机器	激光	激情	基因	集体	集团	技术
键盘	街头	精品	科班	科学	客场	冷水	冷眼	廉价
良心	两地	另眼	煤气	明码	明文	母乳	牛奶	农民
拼音	千金	亲情	全部	全程	全国	全景	全体	全天
全屏	肉眼	深情	实地	手球	手术	硕士	燧石	特价
头球	团伙	网络	网上	微观	卫星	文化	小班	小本
小车	小处	小学	笑脸	协议	刑事	胸部	严刑	演员
药物	意图	意气	义气	邮局	语言	原地	真空	真情
整体	政治	知识	职务	志愿	中农	中学	中专	重金
重拳	主场	专车	专科	专业	小角度	温开水	跳楼价	
出厂价	运动员	优惠价	教练员	成本价	全方位			

从类型上看，主要是以下几类一般名词充当状语。例如：

方式：我们［福利］分房　领导［专车］接送

工具：你们［电视］购物　我们［电话］联系

凭借：小王［药物］流产　城管［暴力］执法

原因：她们［煤气］中毒　孩子［酒精］中毒

---

① 转引：刘慧清. 名词作状语及其相关特征分析［J］. 语言教学与研究，2005（5）：28～34.

② 刘慧清. 名词作状语及其相关特征分析［J］. 语言教学与研究，2005（5）：28～34.

4. 名词原则上不充当补语

单个名词不直接充当补语，但是一些名词性短语可以充当补语，这类名词性短语主要是时间类名词性短语。例如：

病人睡了<三天三夜>。　　郑敏这学期旷课了<一周>。

孩子闹了<一整夜>。　　他在床上躺了<一个星期>。

刁晏斌认为[①]，按现代汉语的一般规则，名词是不能直接作补语的，但是，在时下的许多文章中，我们却见到了很多名词作补语的用例。由于新闻标题多追求言简意明，因此大约有90%的用例都见于标题中。下面是其部分用例：

青年学子执棒<国家乐团>　　中央领导人添绿<圆明园>

小型轿车火爆<法兰克福车展>　　“狗不理”打假<大江南北>

“纺织大嫂”就业<大饭店>　　“春妹妹”受宠<京城餐饮业>

此文没有引起大家的重视，毕竟它仅存在于新闻标题中，算是特例，不能否定名词原则上不充当补语这一规则。再者，在这类标题中，这些名词性词语是否为补语也值得商榷，看成宾语也是可以的。例如“小型轿车火爆法兰克福车展”是“使法兰克福车展火爆”的意思，是形容词的使动用法，与“端正态度”是一样的。

5. 部分名词在特定条件下可以充当谓语

一般而言，时间、节日、气候名词可以直接充当谓语。例如：

今天星期六。　　10月1日国庆节。　　昨天晴天。

在对举说明的情况下，有的一般名词也可以充当谓语，且这些名词往往表示身份、职衔、学历等。例如：

王刚秘书长，李君会长。　　小张讲师，小王副教授。

姐姐学生，妹妹解放军。　　弟弟硕士，哥哥博士。

名词性短语充当谓语的句子较多。例如：

苹果二十元钱。　　这个学期18周。

一人一本书。　　这姑娘好大的眼睛。

山下一片水塘。　　他农贸市场卖菜的。

不是所有名词性词语都可以充当谓语，名词性短语充当谓语主要有以下几种情况。

（1）时间、节气、属地等。例如：

明天元旦。　　昨天雨天。

---

① 刁晏斌．目前一种十分常见的名词补语［J］．汉语学习，1998（6）：18～19．

现在21点。　　今天18号。

他俄罗斯人。　　她重庆口音。

你哪个地方的？　　他东北师大的。

（2）与数量有关的年龄、体重、距离、价值等。例如：

小马16岁。　　他体重70公斤。

北京到上海800公里。　　衣服500多块钱。

一人两套衣服。　　美国每个班30人。

一个西瓜15元钱。　　一年365天。

（3）描写说明状况、特征、属性等。例如：

那人矮矮的个子。　　家里几样简单的家具。

水面一道红光。　　她急性子。

黄伯荣、廖序东总结的名词性词语充当谓语的特点如下：①句式上，只能是肯定句，不能是否定句。②形式上，只能是短句，不能是长句。③风格上，只能是口语句式，不能是书面语句式。④内容上，限于说明时间、天气、籍贯、年龄、容貌、数量等。①

汉语名词性词语充当谓语往往是省略动词谓语形成的。追求简洁达意是汉语语法的特点，也正是因为如此，在口语中一些动词省略掉了，这就出现了名词性词语充当谓语的情况。实际上，上面这些例句都可以补出动词谓语。这些动词主要是“是、有”之类的常见动词。例如：

今天**是**星期六。　　10月1日**是**国庆节。

昨天**是**晴天。　　王刚**是**秘书长，李君**是**会长。

小张**是**讲师，小王**是**副教授。　　姐姐**是**学生，妹妹**是**解放军。

弟弟**是**硕士，哥哥**是**博士。　　苹果**卖**21元钱。

这个学期**有**18周。　　一人**给**一本书。

这个姑娘**有**大大的眼睛。　　山下**有**一片水塘。

他**是**农贸市场卖菜的。　　现在**是**21点。

今天**是**18号。　　他**是**俄罗斯人。

她**是**重庆口音。　　你**是**哪个地方的？

他**是**东北师大的。　　小马**有**16岁。

他体重**有**70公斤。　　北京到上海**有**800公里。

衣服**值**500多块钱。　　我**有**3个女儿。

① 黄伯荣，廖序东．现代汉语（增订四版）：下册［M］．北京：高等教育出版社，2007. 84.

一人**给**两套衣服。　　美国每个班**有**30人。

一个西瓜**卖**15元钱。　　一年**有**365天。

那人**是**矮矮的个子。　　家里**有**几样简单的家具。

水面**有**一道红光。　　她**是**急性子。

所以，部分名词在省略动词谓语的情况下才可以充当谓语。

6. 名词与定语

理论上名词都可以带定语，也只有名词才能带定语。动词、形容词则不能够带定语，若动词、形容词带上定语，其语法性质也就发生了改变，转变为名词了。例如：

（奔驰）汽车开过来了。　　他是一个（勇敢）的孩子。

她终于等到了一个（深造）的机会。（这些）同学已经毕业了。

部分名词一般都能够带上表示名量的数量短语充当定语。理论上讲，个体名词带个体量词，集体名词带集体量词，例如：

（一张）照片　（一辆）汽车　（一间）房间　（一批）货物

有的名词既可以带个体量词，又可以带集体量词。例如：

（一堆）玩具　（一个）玩具

（一双）布鞋　（一只）布鞋

除了物质名词外，抽象名词有的也可以带量词。例如：

（一点儿）想法　（一种）观念　（一种）情绪

近年来，表示动量的数量短语也有充当定语的情况，这个动量词主要是“次”。例如：第一次劳动他就没有参加。

有丰富的量词是汉语的一大特点，但并不是所有名词都配备了量词，因此，一部分名词可以带表示名量的数量短语充当定语，一部分名词不可以带表示名量的数量短语充当定语，二者都属于正常现象。至于哪些名词配备或者不配备量词以及原因还有待进一步研究。

名词、形容词、动词、区别词等也可以充当名词的定语。例如：

（当时）的情况对我们非常不利。　　她穿着一件（漂亮）的衣服。

（学习）的方法不恰当。　　中石化是大型（国有）企业。

7. 名词与副词

名词原则上不受副词的修饰，这也是鉴定名词的一个重要标准。副词一般只是充当状语，它是针对谓语动词与形容词来讲的，所以，副词原则上不修饰名词。例如：

＊不家庭 ＊很家庭 ＊已经家庭
＊不军队 ＊很军队 ＊已经军队
＊不风扇 ＊很风扇 ＊已经风扇
＊不空气 ＊很空气 ＊已经空气

从表面上看，有的名词带上了副词，名词似乎接受了副词的修饰，实际上则不然。例如：

人不人，鬼不鬼。

实际上它是“人不是人，鬼不是鬼”的省略形式。这也是名词谓语句能够带副词状语的原因。再例如：

今年［已经］40好几了。 女生［一律］汉服。
家里［就］孩子一个人。 街道上［净］烂泥。
今天［已经］清明了。 你［都］老太婆了，还跳什么钢管舞。

这些例子都可以补充出谓语动词。例如：

今年［已经］**有**40好几了。 女生［一律］**穿**汉服。
家里［就］**有**孩子一个人。 街道上［净］**是**烂泥。
今天［已经］**是**清明了。
你［都］**是**老太婆了，还跳什么钢管舞。

对这一语法现象，学者们早就注意到了。邢福义、于根元、张伯江、储泽祥等都对这一现象进行过讨论。最初他们侧重这种结构在语法上能否被接受的问题，后来的学者则侧重从名词的语义角度对其进行解释。郭艺丁从语义角度分析了三个原因①：

①副名结构充当述谓成分，语言信息的容量增大，成句的随意性更强，自由度更高。②副词修饰名词现象对语义的表达有很好的补充作用。③副词修饰名词在语义表达上能激发信息接收者的想象力。

我们认为，造成这一现象的根本原因在于表达的经济与省略原则。

近年来出现了一种程度副词修饰名词的现象。例如：

［很］淑女 ［很］绅士 ［很］阳光 ［很］男人 ［很］女人

“淑女、绅士、阳光、男人、性格”是典型的名词，照理不受副词的修饰，但是它们受副词修饰还比较普遍。例如网络上的新闻标题：

金秀贤跟IU在一起的时候**特别**男人
百变风格美裙子 优雅气质**很**淑女

---

① 郭艺丁．副词修饰名词现象存在原因的探索［J］．新乡教育学院学报，2007（2）：42～44．

川大校长：目前大学招生很公平**很**阳光

《待嫁老爸》王志文拍吻戏**很**绅士

“女一号”黄晓明大尺度撒娇　称 BABY 在家**很**女人

这类名词有一个共同特点，包含一种描述性的语义特征。这说明，一些名词正在向形容词转化，将来它们既是名词，又是形容词，符合词性发展的规律。如今，有的词就是名词兼形容词，它们很可能就是由名词发展来的。例如：

理想：老公很理想（形容词）　　　科学：科学的春天（名词）

　　一个理想的老公（名词）　　　　这种方法很科学（形容词）

另外，网络上还出现了副词修饰国名的新用法。例如：

今天去感受了下美式橄榄球！真的**很**美国。

很美国的美国电影——《辛普森的一家》。

今天的气味**很**日本。

咱中国人干过哪些**很**中国的事儿。

涉及的国家往往是影响力比较大的，且某方面具有鲜明的民族特色，比如豪放的美国人，特别的日本料理，鲜明的中式服装等。

8. 名词与重叠

名词原则上不能直接重叠。部分表示行为、性质等的词语可以重叠，往往表示尝试等语法意义，名词是人、事、物的名称，不具备重叠的语义要求，所以名词不能重叠。例如：

AB→ABAB：＊工人工人　＊汽车汽车　＊天空天空

A→AA：＊地地　＊纸纸　＊鸭鸭

孩子在学说话阶段存在单音节名词重叠的情况。例如：车车、杯杯。但是，当孩子长大后，准确地讲，学会语言后就不会这样了。

少数名词对举时可以重叠，但仅限于极少数 AB 式名词，重叠后表示“全面而纷繁”的意思。例如[①]：

AB→AABB：

山水，山山水水　风雨，风风雨雨　花草，花花草草

时刻，时时刻刻　字句，字字句句

关于重叠还有三点需要说明：

第一，“爸爸、姐姐、哥哥、弟弟”不是名词的重叠，而是词的内部语素的

---

① 瓶瓶罐罐、坡坡坎坎、坑坑洼洼，“瓶罐、坡坎、坑洼”不是词，是联合关系短语，是短语的重叠，有词汇化趋向。

重叠，属于构词的范畴。

近来网络上新出现了一些重叠形式，也应该看成是语素的重叠。例如：

想养一头**牛牛**好久了

和**猪猪**一起上课的日子

一只**猫猫**的微博

第二，“人人、家家、天天、月月”等既不是名词的重叠，也不是语素的重叠，而是量词的重叠。重叠后表示“每一”的意思：每一人、每一家、每一天、每一月。这与量词重叠之后的语法意义相同。例如：

人人都说家乡好。　　　　　家家都挂上了红灯笼。

天天都要散步。　　　　　　月月都有奖金。

第三，“婆婆妈妈”是名词“婆婆”与“妈妈”的组合，“婆婆”与“妈妈”都喜欢唠叨，事儿多，因此，“婆婆妈妈”表示特别喜欢唠叨，事儿多的意思。因此，它不是词的重叠。

三、特殊名词

1. 方位名词

方位名词，又叫方位词，有定位性，依附在其他词语后面，称为“后置词”。方位名词分单音节方位词与双音节方位词，单音节方位词是：

上　中　下　前　后　左　右

东　南　西　北　里　内　外　底　间

双音节方位词主要是由单音节方位词与“之、以”构成：

之上　之中　之下　之前　之后　之东

之南　之西　之北　之内　之外　之间

以上　以下　以前　以后　以东　以南

以西　以北　以内　以外

还有一种复合方位词：上下、前后、左右、南北、东西、内外。例如：

队伍前后都是欢迎的人群。

大江南北都在欢度国庆。

他左右都站满了人。

单音节方位词的语法特征是，原则上不单独充当主语、宾语、定语。习惯性说法例外：

前怕狼，后怕虎。　　　上有老，下有小。

双音节方位词有的可以充当定语，原则上不单独充当主语、宾语。例如：

（以前）的事情　　　（以上）的条件

方位词的另一个特点是，它们往往是成对或成组的。例如：

上、中、下　　　　前、后、左、右

东、南、西、北　　里/内、外

方位词的主要功能是构成方位短语，方位短语属于名词性短语，有的还具有处所名词的性质，可以充当主语、宾语、定语、状语等句法成分。例如：

床上坐着两个人。　　　躺床上休息。

（床上）的被子没有放好。　　他［床上］坐着。

队伍前后都是欢迎的人群。　　大江南北都在欢度国庆。

他左右都站满了人。

方位词可以表示空间关系、时间关系和数量界限等。例如：

空间关系：房间里　　时间关系：上班前　　数量界限：七十以内

因此，我们在分析方位短语结构层次时要注意它们之间的差异。例如：

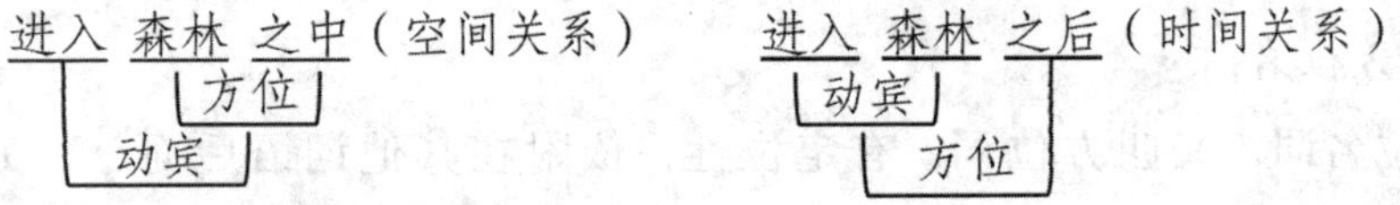

方位词的虚化。方位词本来应该与方位有关系，但是，在实际应用中有的方位词方位感不明显，出现了虚化的现象，具有虚词的一些特点。例如：

马路**上**车来车往。　　　在党的领导**下**我们取得了很大的成绩。

下面的例句没有虚化：

从凳子**上**跳过去。　　　树**下**坐着很多人。

一般而言，动词、形容词构成的方位短语都存在虚化问题。例如：

……帮助下　……培养下　……努力下

名词构成的方位短语有的存在虚化，有的实化，要注意分辨。例如：

桌子**上**有水。（虚化）　　　　桌子**上**吊着一盏电灯。（实化）

树**上**有只鸟。（虚化）　　　　树**上**有只鸟在飞。（实化）

单音节方位词还经常与“面、头、边”等构成一些词语，这些词语有方向性。例如：

上面　下面　前面　后面　左面　右面

东面　南面　西面　北面　里面　外面

上边　下边　前边　后边　左边　右边

东边　南边　西边　北边　里边　外边

上头　下头　前头　后头

东头　南头　西头　北头　里头　外头

不少学者，比如邢福义就把它们看成方位词。[①] 但是我们认为，它们不是方位词。究其原因，它们能充当主语与宾语，与普通名词无异。例如：

前面有敌人阻击。　　　　　　你们坐后面。

北面天寒地冻，南面花果飘香。　　外边风和日丽。

我们认为，它们应该归入处所词语，是带有方向性的处所名词。因此，我们不能把带有方向性的词语都归入方位词，我们主张狭义的方位词分类方法。

我们发现，这类方向性的处所名词都可以加上程度副词“最”。例如：

最上面　最下面　最前面　最后面　最左面　最右面

最东面　最南面　最西面　最北面　最里面　最外面

最上边　最下边　最前边　最后边　最左边　最右边

最东边　最南边　最西边　最北边　最里边　最外边

最上头　最下头　最前头　最后头

最东头　最南头　最西头　最北头　最里头　最外头

根本原因是，这类处所名词表示地段、某一区段，在这个地段范围之内各构成要素还有先后顺序的差异，所以它们可以用“最”来修饰。图示如下：

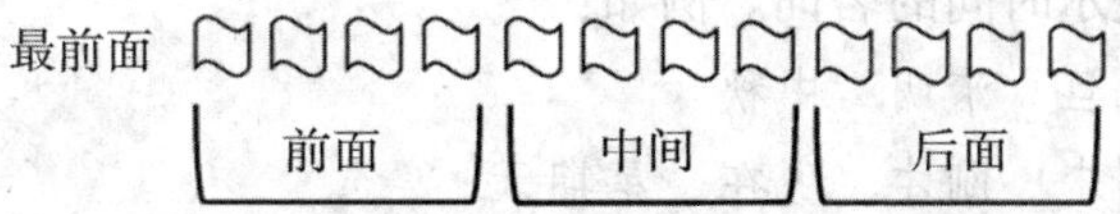

图2－2　“最”修饰方向性处所名词示意图

普通处所名词表示地点，侧重在“点”，无内部要素，无先后顺序差异，因而不能用“最”修饰。

2. 处所名词

处所名词是动作行为等发生的场所。普通名词中的处所名词是典型的处所名

① 邢福义．汉语语法学［M］．长春：东北师范大学出版社，1998. 163～165.

词。例如：学校、教室、操场、电影院。

有的处所名词是专有名词，有的不是。一些专有名词也可以转化为处所名词，可以称为专有处所名词。例如：

我们明天要去**重庆**。（专有名词）　　我们喜欢**重庆**。（专有名词）

我们明年**重庆**见。（处所名词）　　我们爬**黄山**。（专有名词）

下一届年会在**黄山**召开。（处所名词）

明年高考打算报考**北大**。（专有名词）　　他住在**北大**。（处所名词）

有的处所名词有时候也不表示处所。例如：

他在**学校**上课。（处所名词）

学校已经开学了。（非处所名词，指代单位机构）

处所名词在成分功能上可以充当主语与宾语，也可以直接充当状语。例如：

上海我去过。　　我去过上海。

我们待会儿［人民公园］见。　有意见［办公室］讲，不要在这里讲。

处所名词可以加上方位词构成方位短语。例如：

他们［办公室里］谈话。　　公园外挤满了人。　　校园里一片安静。

处所名词也可以加上介词构成介词短语。例如：

他们［在办公室］谈话。

他们［在公园］跳舞。

他们［在校园］散步。

3. 时间名词

时间名词是表示时间的名词。例如：

春节　元旦　清明　中秋

今年　周末　刚才　现在　星期天

春　夏　秋　冬

春天　夏天　秋天　冬天

春季　夏季　秋季　冬季

前天　昨天　今天　明天　后天

前年　去年　今年　明年　后年

上午　中午　下午　早晨　白天　晚上

天　年　月　日　周　星期　季度　学期　小时　分钟

时间名词是名词中比较特殊的一类，除了可以充当主语和宾语外，时间名词更容易直接充当状语。例如：

现在是北京时间下午三点。　　后天是端午节。

他离开这里已经有一个小时了。　　这里最冷的时候是冬天的晚上。

[明天] 召开全校师生大会。　　[明年春天] 将举行政协会议。

[昨天] 我已经提交了辞职报告。　　他 [目前] 住在加拿大。

[现在] 这一切都结束了。　　他 [晚上] 很早就睡觉了。

从加带量词的角度看，时间名词情况比较复杂，具体情况如下：

(1) 必须加带量词。例如：

一个夏天　一个美好的明天

(2) 不能加带量词。例如：

一天　一年　一日　一周　一分钟

(3) 可以加带，也可以不加带量词。例如：

一个月　一个小时　一个星期　一个季度　一个学期　一个下午

一月　一小时　一星期　一季度　一学期　一下午

极少数单音节时间名词可以重叠，表示“每一”的意思，主要有“年、月、天、日、周”等。例如：

收入年年增加。　　月月都有分红。

小学生们天天都有做不完的作业。　　日日思念。

学生现在周周都有考试。

这种重叠具有量词的语法形式和语法意义，因此，我们把这种能够重叠的时间名词看成是量词，准确地说是时间量词。这类时间名词既可以表示时间名称，又可以表示时间单位，表示时间单位的时候是时间量词。

时间名词：

年初的时候，我们去了桂林。　　**天**黑了，快回家吧。

月末了，钱快用完了。　　**日**出东山，霞光万道。

时间量词：

他已经毕业三**年**了。　　他累了，在床上躺了一**天**。

*他已经调走三**月**了。　　去干了三**日**他就辞职了。

一**周**有 12 节语文课。

“月”需要加带量词，带上量词的时候是名词。例如：

他离开已经有三**个**月了。

其他不能重叠的时间名词，在不带量词的时候也是名词。例如：

他写了一**小时**就不想写了。　　都一**星期**了，他一点儿灵感都没有。

一**学期**就这样结束了。　　一**上午**就这样浪费了，真讨厌。

“天、年、周、日”没有相对应的量词，也有人把它们看成量词，把“月”等有相对应量词的始终看成名词。这种区分倒是简单，但是缺少理据性。比较特殊的是“分钟”一词，它不加带量词，例如：一分钟、两分钟、三分钟。如果看成名词，那就出现了数词直接加名词的特例；如果看成量词，构成数量短语，就很好解释，但是出现双音节量词，与单音节量词不同，而且它又不能重叠，与一般量词的语法特点迥异。所以，权衡利弊，我们更趋向于第一种处理方法。

有人提出名词的配价问题，认为名词可以分为一价名词和二价名词，例如“妻子、丈夫、爸爸”必须指明是“谁的”，是一价名词，“看法、意见、作用”除了必须指明是“谁的”之外，还必须指明是“对谁的”，是二价名词。我们认为，配价不是名词的主要特征。其实这些问题与语境有关，比如“妻子生病了”，在对话语境下“妻子”指谁是非常明确的，如果说成“我妻子生病了”，反而啰唆了，所以，在交流中没有指代不明的情况。

第二节　动词

一、动词的意义和种类

动词是表示动作、行为、心理活动等的词。动词也是词汇中的核心成员，占有很大的比例，使用频率很高。动词可以从不同角度进行分类。

1．*动作动词*

动作动词就是表示动作行为的动词，具有动词的典型特征。例如：

走　听　看　穿　吃　打　咬　写　抱　砍

飞　坐　爬　哭　站　跑　视　来　去　流

学习　支持　保卫　宣传　批评　建造　分析

研究　讨论　协商　斗争　游泳　创造　发明

2．*心理动词*

心理动词就是表示心理活动的动词，它能够接受程度副词的修饰，有特殊性。例如：

爱　怕　恨　喜欢　羡慕　希望　担心　讨厌

爱惜　感激　感谢　同情　关心　害怕　痛恨

后悔　热爱　佩服　满意　信任　怀疑　熟悉
相信　嫉妒　理解　想念　留恋　疼爱　尊敬

3. 存现动词

存现动词就是表示存在、消失、变化的动词，是构成汉语存现句的典型动词。例如：

表示存在
有　是　在　存在

表示出现消失
发生　出现　呈现　生长　死亡　涌现　浮现　消失
走来　放　跑　丢　少　逃　坐　失去　飘　死

它们往往可以构成存现句。例如：

山上有个庙。　　　　台上坐着主席团。
村里死了一头牛。　　他脸上露出了一丝微笑。

4. 判断动词

判断动词就是表示判断的动词。现代汉语中典型的判断动词就只有一个"是"，在书面语中"为、即、系"等也可以表示判断，它们是古汉语用法遗留下来的。例如：

他是班长。他为班长。他即班长。他系班长。
这是老虎，那是狮子。
他是小谢的舅舅。

5. 兼语动词

兼语动词就是能够携带兼语成分的动词。兼语句是汉语语法的一大特色，但并不是所有动词都可以携带兼语成分，只有兼语动词才有这个资格。兼语动词主要有以下几类：

(1) 使令类动词。使令类动词就是表示致使、命令、促使、促成等行为意义的动词。例如：

使　请　派　求　劝　要　叫　让　逼　催
托　令　选　组织　选派　委托　促使　迫使
嘱咐　嘱托　吩咐　命令　发动　鼓励　号召
动员　选举　推荐　制止　打发　强迫　任命
指定　要求　派遣　敦促　推选　请求　禁止

（2）喜怒类动词。喜怒类动词就是表示喜欢和责备类的动词。例如：

爱　恨　喜欢　讨厌　羡慕　钦佩　埋怨　感谢

骂　夸　责备　表扬　赞美　嫌弃　嘲笑　厌恶

（3）称选类动词。称选类动词就是表示称呼、选聘类的动词。例如：

称呼　叫　认　追认　封　聘　选举　推举　聘任

（4）有无类动词。有无类动词就是指动词“有、没有、无”。

上述这些动词可以构成兼语句。例如：

王老师派学生打扫卫生。　　大家一致推选王军为班长。

公司组织员工去井冈山旅游。　　营长命令战士们冲向敌人阵地。

请董事长上台讲话。　　我讨厌她总是迟到。

我感谢你送我礼物。　　聘他为营业部主任。

叫他是王八蛋。　　没有人去成都。

有人来了。

中国政府奉劝某些外国政府不要干涉中国内政。

兼语动词还包括一些“使令”义微弱且具有“陪伴”义的动词。例如：搀扶、押送、陪伴、送、率领、带领。这些动词可以构成兼语与连谓的融合句。例如：我陪她看电影。从“我”这个角度看，一要“陪”，二要“看”，是连动句，从“她”这个角度看，“她”既是“陪”的宾语，又是“看”的主语，是兼语句。再如：

法警押送罪犯去刑场执行枪决。

小学生护送老太太过马路。

毛主席率领红军爬雪山、过草地。

6. 双宾动词

大部分动词一般可以带一个宾语，但是有少数动词可以携带两个宾语，双宾动词就是能够带双宾语的动词，它们可以构成双宾句。双宾动词可以分为给以类动词、称选类动词和告诉类动词。例如：

给　送　叫　称　托　问　借　租　递

还　教　买　卖　请教　告诉　答应　安排

报告　补贴　通知　询问　盘问　称呼

这些动词可以构成双宾句。例如：

给他两本书。　　送她一朵花。

教他们语文。　　请教老师一个问题。

告诉你一个秘密。

称选类动词既可以构成双宾句，又可以构成兼语句，要注意分辨：

我们聘他班长。我们聘他为班长。

大家叫他铁蛋。大家叫他是铁蛋儿。

7. 黏宾动词

黏宾动词就是必须带宾语的动词，意义上必须与宾语一起才能表达完整的语义。黏宾动词有的带名词性宾语，有的带谓词性宾语。

带名词性宾语的黏宾动词：

成为　作为　称作　叫作　忠于　著有　委以

赋予　授予　归功　处以　涉及　夺取

认作　据有　化成　好比　看作　遍及　犹如

带谓词性宾语的黏宾动词：

获得　擅长　善于　难以　贪图　不宜　不便

妄加　敢于　勇于　任凭　企图　有待　足以

例如：

成为一名解放军战士。　忠于党的教育事业。

处以极刑。　获得表扬。

敢于向领导反映问题。　贪图荣华富贵。

8. 及物动词和不及物动词

对汉语而言，及物动词和不及物动词的划分与认定还不统一。比如带处所宾语的动词是不是及物动词？“他死了父亲”中“死”是不是及物动词？陆俭明先生说：“凡能直接带宾语的动词是及物动词，凡不能直接带宾语的是不及物动词。”并特别指出：“我们这里所说的宾语不限于名词性宾语”，“我们所说的名词性宾语也不限于受事宾语”。① 王俊毅对此进行过精细的研究，还从配价的角度将及物动词分为二元及物动词和三元及物动词两类，不及物动词分为一元不及物动词、二元不及物动词和三元不及物动词三类。② 我们同意陆俭明先生的观点。

及物动词就是能够带上宾语的动词，及物动词可以根据宾语的情况从不同角度分类：

---

① 陆俭明．现代汉语不及物动词之管见［A］．中国语文杂志社．语法研究和探索（五）［M］．北京：语文出版社，1991．转引：王俊毅．及物动词与不及物动词分类考察［J］．语言教学与研究，2001（5）：17～24．

② 王俊毅．及物动词与不及物动词分类考察［J］．语言教学与研究，2001（5）：17～24．

（1）必须带宾语和可带可不带宾语。

必须带宾语：成为教师　　　可带可不带宾语：吃了/吃饭了

（2）带单宾语和带双宾语。

带单宾语：解放台湾　　　带双宾语：送她衣服

（3）带体词宾语、带谓词宾语和带体谓词宾语。

带体词宾语：买东西/修理汽车

带谓词宾语：打算去/感到幸福

带体谓词宾语：同意这件事情/同意接收/需要她/需要买

不及物动词就是不能够带上宾语的动词，意义上它只是跟主语或施事发生联系。例如：

咳嗽　游行　考试　巡逻　徘徊　辗转　迟疑

自杀　相等　相处　折腾　欢腾　赌博　旅行

跳跃　休息　失败　奋斗　出发　散步　生气

毕业　争光　相识　交谈　合影　相爱　会谈

9．形式动词

形式动词就是没有实在意义的动词，它只有动词的形式，没有独立的表义功能，一般需要与具有实在意义的动词组合带上动词宾语，才能完成谓语的陈述功能。例如“进行”，“我们进行”陈述不完整，需要与“讨论、交流”等动词结合表义才完整，即“我们进行讨论/交流”。形式动词数量很少，例如：进行、加以、给以、予以、借以、致以。形式动词属于黏宾动词，必须带上谓词性宾语，且为双音节。例如：

战士们正在进行战斗。　　　对这个问题要加以研究。

对新农村建设要给以支持。　　对好人好事要予以表扬。

动词宾语还可以带上定语。例如：

致以（亲切）的问候。

进行（周密）的调查。

给以（足够）的重视。

10．能愿动词

能愿动词就是表示意愿、可能等义的动词，又称助动词。例如：

会　可以　可　能　可能　能够

要　肯　敢　得[①]

① 得，读děi。

愿　愿意　应当　应该　应

11. 趋向动词

趋向动词就是具有方向性的动词，可以分为单纯趋向动词和复合趋向动词。

表 2-1　趋向动词简表

	上	下	进	出	回	过	起	开
来	上来	下来	进来	出来	回来	过来	起来	—
去	上去	下去	进去	出去	回去	过去	—	—

“开”可以充当趋向动词，例如：你走开。但是“开”不与“来、去”组合，方言中有“开来、开去”的说法。“起”不与“去”组合，同样方言中有“起去”的说法，比如四川方言：你起去，让我来坐。

二、动词的语法特征

1. 动词原则上必须充当谓语

动词是句子的核心，它必须充当谓语，如果一个词根本不充当谓语，那么，它不可能是动词，充当谓语是判断动词的必要条件。例如：

她吃过了。
鱼塘里的鱼死了。
你替我付他二十元钱。
孩子们已经休息了。
我们要成为一个有用的人。
他想了很久。
他是我们班全体同学选举出来的班长。
老师要求学生迅速完成作业。
同学们正在对相关问题进行热烈的讨论。

2. 部分动词可以充当主语或者宾语

究竟哪些动词可以直接充当主语或者宾语，目前还没有一个比较准确的说法。例如：

辩论很热烈。
劳动创造世界。
进展非常顺利。
你的任务是学习。
过失性犯罪也是犯罪。
贪污犯法。
改革是一场深刻的革命。
捐献是高尚的人格行为。
对这个问题你们要迅速开展研究。
交谈也是沟通。

动词性短语充当主语或者宾语更容易。例如：

生男生女一个样。　　我知道马教授经常参加学术会议。

去野外调查非常必要。　　教学的关键在于要尊重学生。

写字要讲究方法。　　挖苦人不好。

不讲文明是不会受人尊敬的。从北京西客站走到天安门广场不到十里。

3. 部分动词可以充当定语

总体来看，动词直接充当定语的情况不多，形式动词、关系动词等一般不能充当定语。例如：

要珍惜（学习）时间。　　（工作）方法不太好。

马上让大家讨论（援助）问题。　　对犯罪分子（打击）力度很大。

上述例子的动词在作定语时，后面也可以加带定语标记“的”：

要珍惜（学习）的时间。　　（工作）的方法不太好。

马上让大家讨论（援助）的问题。　　对犯罪分子（打击）的力度很大。

其他还如：

你是体会不到（思念）的痛苦的。　　（翻身）的机会终于来了。

仿佛看到了已经忘却了的（熟悉）的身影。

（委托）的事儿我已经办好了。

（发生）的地方是在一个偏僻的乡村。（跑步）的速度太慢。

4. 部分动词可以充当补语

趋向动词充当补语是大家认可的，例如：走出去，请进来。其他动词直接充当补语的不多，而且还多半是单音节动词，多出现在结果补语中，谓语动词也多半是单音节的。例如：

红军击<退>了敌人的进攻。　　足球比赛打<完>了。

狮子赶<跑>了企图抢夺食物的野狗。

你们一定要救<活>这可怜的孩子。

你把西瓜切<开>。　　他的车被交警拖<走>了。

为这事儿他跑<断>了腿。　　老虎把山羊咬<死>了。

你们听<懂>了吗？　　外婆不小心摔<倒>了。

经过努力终于打击<掉>这个犯罪团伙。

马上处理<完>这件事。

动词性短语充当补语更加容易，且多为情态补语，并带上补语标记“得”。例如：

他高兴得<跳起来>了。　　听故事听得<忘了吃饭>。

歹徒把他打得<死去活来>的。　　打得<敌人望风而逃>。

5. 部分动词可以充当状语

大家认为，能愿动词可以充当状语，例如：能够去、应该给她。过去认为，原则上一般动词不充当状语，而现在发现也有一些动词充当状语的情况。根据肖伟良的研究①，动词充当状语主要有两类，摘录如下：

（1）心理动词。绝大部分双音节的心理动词都可以作动词的状语。例如：

将军［感激］地望着他那孩子气的脸。（王愿坚《普通劳动者》）

惠［感动］地对芸微微一笑，低声答应一句。（巴金《春》）

黄［后悔］地发现自己说错了地方。（巴金《苏堤》）

孙承祖［警惕］地把放在一边的衣服拖来。（冯德英《迎春花》）

他把祖父底瘦长的身躯［注意］地看着。（巴金《家》）

星梅快步走过来，……［喜爱］地微笑了。（冯德英《苦菜花》）

儒春［渴望］地说：“多亏我当上共产党员，才够格和你比。”（冯德英《迎春花》）

“永泉，长锁和杏莉她妈，有没有关系？”母亲［担忧］地问道。（冯德英《苦菜花》）

大水［心疼］地想：“这地可是该锄啦！”（袁静等《新儿女英雄传》）

他又［关切］地问：“玲子，你水山哥精神怎么样，也回来啦！”（冯德英《迎春花》）

（2）动作动词。有的带上状语标记“地”，有的不带状语标记。例如：

他终于［决定］地改变了。（鲁迅《为了忘却的纪念》）

琴知道淑英的心理，便［安慰］地解释道。（巴金《春》）

胖胖的中中不愿再称赞他了，［讽刺］地说：“真好，像一只花羊了。”（谢璞《竹娃》）

我们必须继承一切优秀的文学艺术遗产，［批判］地吸收其中一切有益的东西。（毛泽东《在延安文艺座谈会上的讲话》）

“我已经说过了，下个月再寄钱给你们！”他［抑制］地柔声说。（沙汀《过渡集》）

这团烈火，趁着腊月的风，［蔓延］地烧起来。（梁斌《红旗谱》）

---

① 肖伟良．试论动词作动词的状语［J］．广西师范学院学报（哲学社会科学版），1983（3）：35～39.

花子抽泣着把前前后后的事都告诉给母亲。最后［祈求］地说：……（冯德英《苦菜花》）

他［拼命］跑着。

保持安静，［隐蔽］前进。

关于［联合］招生的通知

飞机［盘旋］爬升。

美国［武装］干涉其他国家。

部队［迂回］前进。①

6. 动词与副词

一般副词可以修饰动词，程度副词可以修饰心理动词。例如：

妈妈［很］爱孩子。

我［很］怕一个人走夜路。

他［很］喜欢跟你在一起。

老师［很］希望你们将来有一番作为。

我［很］羡慕她有那么好的父母。

你［非常］恨他吗？

我们［非常］讨厌加班。

有的心理动词不接受程度副词的修饰。例如：

猜想　感受　回忆　妄想　想象　意料　记得

料想　感觉　相思　思考　联想　觉得　合计

程度副词也可修饰部分能愿动词。例如：

他［很会］做人。　　他［很能］说。

他［很可能］今天不来上班。　　这一切［很能够］说明问题。

他［很敢］讲，啥也不怕。　　他［非常愿意］去上海。

他［很愿意］去国外执教。

程度副词原则上不修饰一般动词，但是，有的一般动词带上宾语后可以接受程度副词的修饰。例如：

＊很有　＊很守　＊很讲　＊很会

很有魄力　很守规矩　很讲礼貌　很会来事儿

除了程度副词外，其他副词原则上能够修饰所有动词。例如：

① 注意："站着睡觉"不是状中关系，是连动关系。"着"是时态助词，提示"站"是谓语。所以，不能够把所有动词连用都看成状中关系。

[都] 喜欢	[仍然] 喜欢	[不] 喜欢	[确实] 喜欢	[也] 喜欢
[都] 愿意	[仍然] 愿意	[不] 愿意	[确实] 愿意	[也] 愿意
[都] 是	[仍然] 是	[不] 是	[确实] 是	[也] 是
[都] 学习	[仍然] 学习	[不] 学习	[确实] 学习了	[也] 学习
[都] 看	[仍然] 看	[不] 看	[确实] 看了	[也] 看
[都] 来	[仍然] 来	[不] 来	[确实] 来了	[也] 来

7. 动词与宾语

汉语中绝大多数动词都可以加带宾语，这是判断动词的一个很重要的充分条件，只要带上宾语，这个词语一定是动词。动词带上宾语是判断动词简单而实用的标准，所以，我们判断某个词语是否为动词就可以用是否能加带宾语来检验。例如：

坚决打击恐怖极端组织。
他正在复习功课。
听老师讲课。
家里来了客人。
他回到拉萨。
我喝小杯。
赶快避雨。
他在班里当班长。
彻底粉碎敌人的阴谋。
我讨厌她。
保卫祖国。
工人们正在盖房子。
全家一起过春节。
你去寄快递。
河里有许多鱼。
别出风头了。

8. 动词与定语

我们这里主要讨论定语修饰动词的问题。原则上定语不能够修饰动词，定语是名词的专利，一般定语只修饰名词。但是，在汉语实际的运用中，定语修饰动词还是比较普遍的现象。例如①：

（苏联）的**解体**标志着（冷战）的**结束**。
（他）的**捐献**是无私的。
（精确）的**打击**使恐怖分子无处藏身。
向官兵致以（亲切）的**慰问**。
贫农备受（残酷）的**剥削**。
（他）的**担心**不是没有道理的。
（发动机）的**研究**取得了（重大）的**突破**。

---

① 黑体词语原本为动词。

实在不好意思拒绝（他们）的**邀请**。

（人民）的**支持**是制胜的法宝。

（医生）的**分析**让病人燃起了生的希望。

（他们）的**学习**没有达到预期的效果。

在上述的情况下，这些动词的语法性质有没有变化呢？我们认为，它们已经名词化了，属于名词。如果状语是谓词的标记，那么，定语则是名词的标记。定语能够使谓词名词化，包括动词和形容词。英语的动词通过不定式、动名词等语法手段使其名词化，汉语谓词的名词化则是通过加带定语来实现的。

上述动词都是可以加带宾语的，但是，在有定语修饰后，这些动词是无法加带宾语的，这也足以说明它们已经失去了动词的性质。例如：

*（他）的**捐献**器官　他**捐献**的器官

*（精确）的**打击**恐怖分子　精确地**打击**恐怖分子

*（亲切）的**慰问**官兵　亲切地**慰问**官兵

*（残酷）的**剥削**贫农　残酷地**剥削**贫农

*（他）的**担心**你　他**担心**你

*（重大）的**突破**技术　重大的技术**突破**

*（他们）的**邀请**我们　他们**邀请**我们

*（人民）的**支持**政府　人民**支持**政府

*（医生）的**分析**病情　医生**分析**病情

*（他们）的**学习**知识　他们**学习**知识

左边的说法不成立，右边还原为动词后其说法成立。因此，动词加带定语后，动词则转化为名词，词性认定为名词。

9. 动词与重叠

大部分动词可以重叠，重叠之后表示“尝试、短暂”的语法意义。例如：我们去走走。表示“走”的时间不会太长。动词重叠有多种格式，具体情况如下：

（1）单音节动词。

AA 式，例如：

想想　试试　看看　跑跑　写写　问问

躺躺　听听　抱抱　跳跳　踢踢　坐坐

A 了 A 式，例如：

想了想　试了试　看了看　跑了跑　写了写　问了问

躺了躺　听了听　抱了抱　跳了跳　踢了踢　坐了坐

A 一 A 式，例如：

想一想　试一试　看一看　跑一跑　写一写　问一问

躺一躺　听一听　抱一抱　跳一跳　踢一踢　坐一坐

（2）双音节动词。

ABAB 式，例如：

支持支持　学习学习　讨论讨论　休息休息

分析分析　锻炼锻炼　准备准备　安排安排

练习练习　联系联系　了解了解　鼓励鼓励

AAB 式，例如：

游游泳　散散步　说说话　唱唱歌　见见面

睡睡觉　跳跳舞　洗洗澡　做做梦　探探亲

打打架　鼓鼓掌　照照相　帮帮忙　道道歉

操操心　鞠鞠躬　通通话　摇摇头　点点头

AAB 式多半是动宾式离合词构成[①]。例如：

游了一会儿泳　散了一会儿步　说了几句话

唱了一次歌　见了一次面　睡了一会儿觉

跳了一会儿舞　洗了一会儿澡　做了一次梦

探了一次亲　打了一次架　鼓了一次掌

照了一次相　帮了一会儿忙　鞠了一次躬

通了一会儿话

动词重叠还有少量的 AABB 式，例如：

吵吵闹闹（吵闹）　打打闹闹（打闹）　来来往往（来往）

抄抄写写（抄写）　指指点点（指点）　支支吾吾（支吾）

10．其他特征

动词可以携带状语和补语，但携带状语和补语不是动词的专有特征。[②] 充当状语的词语除了副词以外，还有形容词、一部分名词与动词。充当补语的词语除了动词以外，还有形容词等。当然，短语充当状语和补语的情况更多、更普遍。携带状语和补语不会改变动词的性质。例如：

下雨了，[快] 跑。　[明天] 去外地出差。

---

① 离合词归属于词还是短语，尚有争议。普遍的观点是，结合在一起是词，分离后是短语。

② 形容词也可以加带状语和补语，参见形容词部分。

看样子［会］刮台风。　　　把球打<坏>了。

扔<掉>一些不需要的东西。

部分动词可以携带时态助词“着、了、过”，但是，动词携带时态助词的情况不太一致。例如：

跑着　　　跑了　　　跑过

支持着　　支持了　　支持过

吃着　　　吃了　　　吃过

＊理解着　　理解了　　＊理解过

＊侵略着　　侵略了　　侵略过

＊去着　　　去了　　　去过

活着　　　活了　　　＊活过

＊知道着　　知道了　　＊知道过

＊获得着　　获得了　　获得过

“了”基本上所有动词都可以携带，“着、过”有的动词可以，有的不可以。

部分动词可以携带动量补语。例如：

吃一次　打一顿　写两遍　听一下　走一趟

检查一遍　研究一下　讨论一次　培训一回

大部分动词可以用“V 不 V”“V 没 V”形式提问。例如：

来不来　看不看　走不走　请不请　给不给

考虑不考虑　了解不了解　理解不理解

来没来　看没看　走没走　请没请　给没给

考虑没考虑　了解没了解　理解没理解

双音节动词还可以转化为“V 不 VB”“V 没 VB”形式。例如：考不考虑、了不了解、理不理解、考没考虑、了没了解、理没理解。

注意这类形式的句法成分分析。例如：

你们来不来？

你们考虑不考虑他的实际问题？

你们理不理解这个问题？

三、特殊动词

（一）能愿动词

能愿动词主要用于部分动词、形容词前，表示意愿、必要和可能等，充当状语。

表示意愿的能愿动词主要有“愿意、愿、肯、敢”等，表示“意愿”的时候，“愿意”与“愿”的意思差不多，它们主要用于动词前。例如：

他［愿意］回到中国生活。

他［肯］劳动。

他［敢］发表自己的看法。

表示必要的能愿动词主要有“要、应、应该、应当、得”等，表示“必要”的时候，“应该”“应”与“应当”的意思差不多，它们主要用于动词、形容词前。例如：

她［要］回家休息。　　她明天［应该］回到家了。

老板［应当］给你全额工资。　　你［得］去买点儿东西。

苹果［要］红了。　　到这个时候香蕉［应该］熟了。

今晚有重要活动，衣着［得］漂亮。

表示可能的能愿动词主要有“能、能够、会、可能、可以、可”等，表示“可能”的时候，“能够”与“能”、“可以”与“可”的意思差不多，它们主要用于动词、形容词前。例如：

他［能够］参加明天的会议。　　他［会］到美国留学。

他［可能］出差了。　　他［可以］离开了。

他［能够］好起来。　　他一定［会］努力的。

设备［可能］坏了。　　孩子你［可以］勇敢一点儿。

表示可能的能愿动词，有的表示有能力，例如“可以、会”：

他可以胜任这份儿工作。　　她会干好这件事儿。

有的表示一种可能性，例如“可能”：

等会儿可能下雨。　　他今天可能回家。

有的既表示有能力，又表示一种可能性，例如“能够、能”：

别搀扶孩子，他自己能走路。（有能力）

天儿这么好，哪能下雨呀！（可能性）

别管孩子，他自己能够学习。（有能力）

联系上对方学校了吗？明天能够去吗？（可能性）

大部分能愿动词在问答句中也可以直接充当谓语。例如：

你愿意吗？——我愿意。　　你敢吗？——我敢。

那样蛮干应该吗？——不应该。　　这事儿可能吗？——可能。

这么处理可以吗？——可以。

特别要注意“会、要”这两个能愿动词，它们既可以充当状语，也可以充当谓语。在问答句中直接充当谓语。例如：

你会吗？——我会。　　你要吗？——我要。

在其他情况下，这两个词也可以直接充当谓语。例如：

他会英语。　　他会钢琴。

他要雪梨。　　他要房子。

注意分辨它们充当谓语与状语的差异：

要他吃东西　［要］吃东西　要东西

要他买图书　［要］买图书　要图书

［会］跳芭蕾　会芭蕾

［会］讲汉语　会汉语

能愿动词“会、要”充当句法成分情况图示如下：

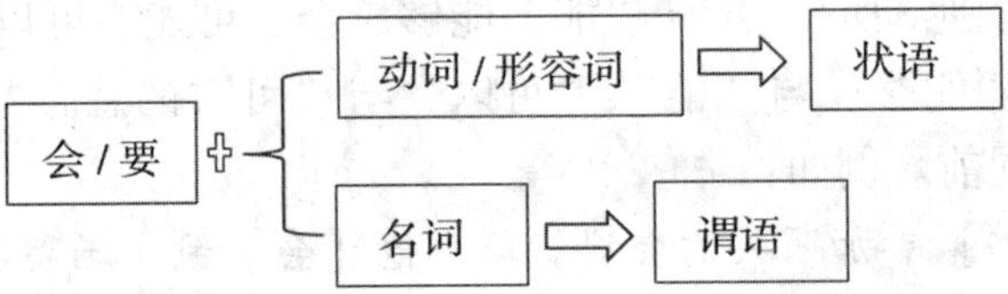

图 2－3　“会、要”词性区别示意图

（二）趋向动词

趋向动词有方向性，具体图示如下：

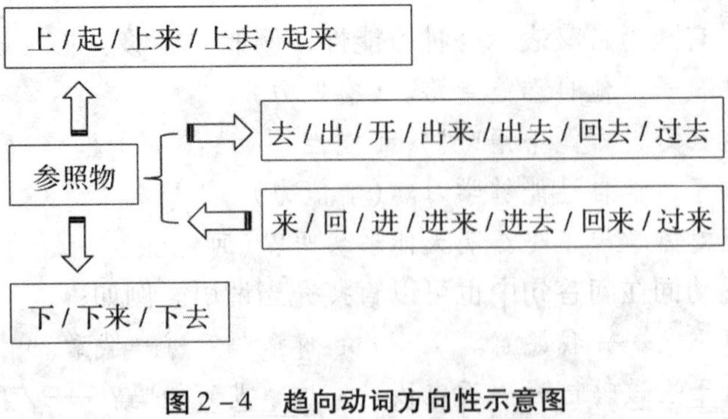

图 2－4　趋向动词方向性示意图

趋向动词主要用在部分动词、形容词后面充当补语。例如：

他扛<起>沙袋就跑。　　你快点儿爬<上来>。

别跑<出去>买东西。　　你把书包拿<出来>。

我撤<回>申请。　　太阳的脸红<起来>了。

天黑<下去>了。　　街道漂亮<起来>了。

双音节动词携带趋向动词情况比较复杂，有的携带单纯趋向动词，有的携带复合趋向动词，有的二者都可以。例如：

飞奔<进去>　　飞奔<进>教室

研究<出来>　　研究<出>方案

攀爬<起来>　　*攀爬起

敲打<下去>　　*敲打下

形容词一般都与复合趋向动词搭配。例如：

世世代代好<下去>。　你要健康<起来>。　她已经瘦<下来>了。

当有宾语的时候，趋向动词充当的补语有多种位置。有时趋向动词处于宾语前面，有时处于宾语后面，作为复合趋向动词，则有时被宾语隔开，例如：

拿衣服<来>　　拿<来>衣服

拿一本书<出来>　　拿<出来>一本书

拿<出>一本书<来>

当然，不是所有趋向动词都有这种变化，例如：

跑<进>教室　　*跑教室进

掏<出>钱包　　*掏钱包出

走<进>房<来>　　*走进来房　　*走房进来

丢<下>书<去>　　*丢下去书　　丢书<下去>

跑<回>家<去>　　*跑回去家　　*跑家回去

趋向动词也可以充当谓语。例如：

上二楼　下基层　进房间

出大门　回娘家　过马路

开窗户　来这里　去那里

你上来　你下来　你进来　你出来　你回来　你过来　你起来

你上去　你下去　你进去　你出去　你回去　你过去

趋向动词何时充当补语、何时充当谓语要注意分辨。例如：

月亮下去了，太阳还没有出来。

月亮落<下去>了，太阳还没有钻<出来>。

趋向动词前面有谓语存在，则其充当补语；没有谓语存在，则其充当谓语。分辨图示如下：

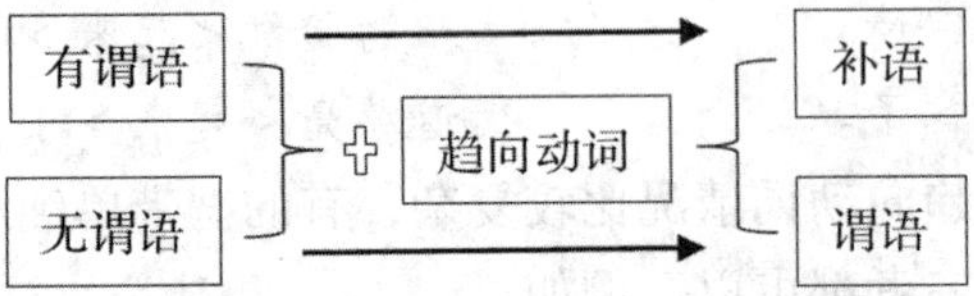

图 2－5　趋向动词词性区别示意图

“过”在谓词后面既可以充当趋向动词，又可以充当时态助词。为趋向动词的时候有方向性，有“经过”的意思，充当补语；为时态助词的时候，表示过去的经历，有英语过去时的意思，不充当成分。例如：

他经常从翠花家门前走 <过>。（趋向动词）

走 <过> 咖啡屋。（趋向动词）

小鸟从树上飞 <过>。（趋向动词）

我去过她家。（时态助词）

你到过武汉吗？（时态助词）

你游过长江了吗？（歧义：时态助词 + 趋向动词）

总结图示如下：

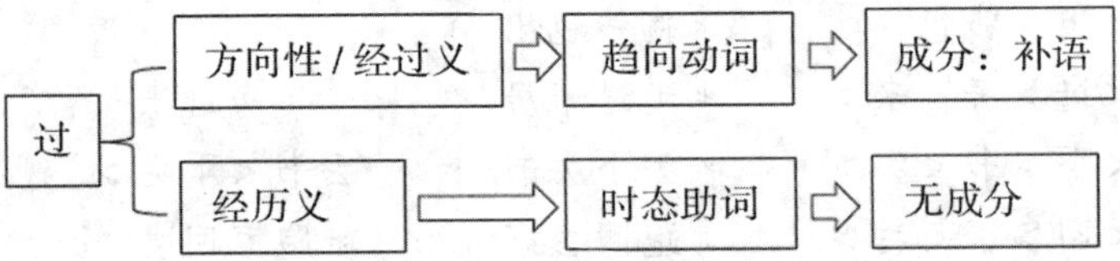

图 2－6　“过”词性区别示意图

趋向动词存在虚化现象。趋向动词除了表示方向性外（实化），还有虚化用法，要注意分辨。例如：

走下去　掉下来　跑出来　爬起来（实化）

讲下去　记下来　写出来　干起来（虚化）

虚化用法举例如下：

他考上了大学。（动作行为有了结果）

你拆下电脑风扇。（动作行为完成）

她爱上了农村。（动作行为开始并继续）

村里响起了广播。（动作行为开始并继续）

消息很快传开了。（动作行为开始）

他大笑起来。（动作行为开始并继续）

你一定要坚持下去。（动作行为继续）

有的趋向动词在特定条件下还会引起歧义。例如：

想起来：想 <起来>（想到了）

想起来（躺久了，想站起来）

想出来：想 <出来>（想出办法了）

想出来（不想待在屋里，想到外面来）

（三）判断动词“是”

现代汉语中最常用的判断动词为“是”，它表示其前后成分之间的关系，放在主语和宾语之间有多种作用，充当谓语。若前后成分分别表示为 A 和 B，那么 A 和 B 的关系如下：

（1）A = B，表示对等关系，等于什么或属于什么。例如：

北京是中国的首都。　　后天是清明节。

《再别康桥》的作者是徐志摩。

（2）A 具有 B 事物的特征等。例如：

小王是双眼皮。　　今天是大晴天。　　餐桌是实木的。

（3）A 为 B 事物存在的处所。例如：

山上是一片高粱。　　墙角是一个鞋柜。　　卧室外是一个花园。

（4）A 和 B 为隶属关系，一般 A 隶属 B。例如：

舒婷是当代诗人。　　猪也是哺乳动物。　　空调是家用电器。

（5）A 和 B 之间是比喻（暗喻）关系，一般 A 为本体，B 为喻体。例如：

困难是弹簧，你弱它就强。　人是铁，饭是钢。　她是她家的摇钱树。

（6）其他关系。例如：

今天是高考。　今天买的菜是 35 块钱。　那架飞机是从哈尔滨起飞的。

“是”直接用在动词、形容词前，可以充当副词，作状语，相当于“的确、确实”的意思，起强调的作用。例如：

他昨天［是］去西安了，我亲眼看见的。

他今天［是］没来上班，不知道为什么。

你买的东西［是］很破旧，根本没法用。

东西［是］好，但是价格太高了。

注意分辨：

他是卖菜的。(动词)　他［是］会来的。(副词)　是他来了。(动词)

四、动词的语义特征

1. 动词的［±自主］特征

根据动词的［±自主］特征，动词可以分为自主动词和非自主动词。自主动词就是主体能有意识地控制的动词，例如“看”，看不看、看多久，主体是可以调控的。非自主动词就是主体无法有意识地控制的动词，例如“忘”，忘不忘、什么时候忘，主体无法调控。自主动词和非自主动词在表达的形式上有差异，这对我们解释一些语法结构与现象有一定的作用。例如：

表 2－2　自主动词和非自主动词比较表

	听	垮
A	我听　听声音	＊房屋垮　＊垮房屋
B	听着　听听	＊垮着　＊垮垮
C	马上听	＊马上垮
D	听过　听了	垮过　垮了

“听”是自主动词，因此 A、B、C 均成立，“垮”是非自主动词，所以 A、B、C 均不成立。D 式都成立，但是，“听”强调的是动作行为，“垮”侧重的是变化。就重叠语法形式而言，单音节自主动词一般都可以重叠，而单音节非自主动词一般都不可以重叠。试比较：

看看　写写　问问　走走　躺躺　歇歇

＊忘忘　＊丢丢　＊倒倒　＊死死　＊病病①

2. 动词的［±持续］［±状态］特征

根据动词的［±持续］特征，动词可以分为持续动词和非持续动词。持续

① “忘、丢”有时候可以是自主动词，例如：“把伤心的事情忘掉”“把垃圾丢到垃圾箱里”。也可以是非自主动词，例如：“钥匙忘在家里了”“钱包不知道丢在哪里了”。汉语很多动词都有二重性，在不同的语境下，自主、非自主不一样。

动词就是动作行为可以延续下去的动词，例如“走”，走的动作行为可以一直持续下去，也就是可以一直发出“走”的动作行为。非持续动词就是动作行为不能够延续下去的动词，也就是“一次性”的动词，例如“扔”，动作行为短暂，就只有一次动作行为，不能够一直持续发出“扔”的动作行为。划分持续动词和非持续动词，对我们解释一些语法现象有一定的帮助。例如典型例子：

A：人死了三天了。　　B：她等了三天了。

C：我看了三天了。　　D：灯笼挂了三天了。

“死”是非持续动词，不能一直“死”，表示行为发生后经历的时间长度。“等”是持续动词，其行为可以延续，可以一直“等”，表示行为发生后持续的时间长度。“看”是自主动词，有时候是持续动词，有时候是非持续动词。因此，当“看”是非持续动词的时候，可以理解为行为发生后经历的时间长度；当“看”是持续动词的时候，可以理解为行为本身持续的时间长度。因而“我看了三天了”有歧义，一是指“看”的行为结束已经三天了，二是指还没有看完，一直在看。“挂”除了具有“看”的特性外，还有［+状态］语义特征，因此“灯笼挂了三天了”也有歧义，共三个意义：行为发生后经历的时间长度，表示“挂”的行为结束已经三天了；行为发生后持续的时间长度，表示还没挂上，一直在挂；行为存在状态持续的时间长度，表示灯笼一直挂着，没有摘取下来。总结如下：

表2-3　持续状态动词比较表

死	［-持续］	［-状态］	行为经历
等	［+持续］	［-状态］	行为延续
看	［±持续］	［-状态］	行为经历+行为延续
挂	［±持续］	［+状态］	行为经历+行为延续+状态延续

3. 动词的其他语义特征

动词的［±位移］特征。根据动词的［±位移］特征，动词可以分为位移动词和非位移动词。位移动词就是能够携带处所宾语的动词，例如“去”，“去上海”。非位移动词就是不能够携带处所宾语的动词，例如“打击”。常见的位移动词有“回、去、过、来、出、进、走、跑、上、下”。

动词还可以根据不同的需要，划分出不同的语义特征。比如［±使令］特征就是动词能否构成兼语句的条件，［±给予］特征就是动词能否构成双宾句的条件。[1] 例如：

派遣他去了南京。（兼语句）　　看见他去了南京。（非兼语句）

送她一些苹果。（双宾句）　　吃（她）一些苹果。（非双宾句）

“教”既具有［+使令］特征，又具有［+给予］特征，因此，它既可以构成兼语句，又可以构成双宾句。例如：

教他们钢琴。（双宾句）　　教他们弹钢琴。（兼语句）

［±制作］特征。例如：

建　［+制作］　建房子　建房子送给学校。

修　［-制作］　修房子　*修房子送给学校。

［±动作］特征。例如：

讲　［+动作］　讲课　讲讲　去讲课

有　［-动作］　有钱　*有有　*去有钱

动词的语义特征可以帮助我们分析解释一些语法同型结构。例如：

A	B	C
在山上种树	树种在山上	山上种着树
在纸上写字	字写在纸上	纸上写着字
在车上坐人	人坐在车上	车上坐着人
在场上踢球	*球踢在场上	*场上踢着球
在树上掏蛋	*掏蛋在树上	*树上掏着蛋
在床上绣花	*绣花在床上	*床上绣着花

“种、写、坐”具有［+附着］特征，使树依附在山上，字依附在纸上，人依附在车上，不能分离。“山上、纸上、车上”是动作行为发生的位置，所以它们有B与C式变换。“踢、掏、绣”没有［+附着］这一特征，“球”可以依附在场上，也可以在空中飞行，但“蛋”不依附于树，“花”不依附于床。“场上、树上、床上”是动作行为发生的处所，所以它们没有B与C式变换。

最后要说明的是，动词语义特征的分析有主观性，不同的人建立的语义特征种类、分析的方法以及分析的结果都可能出现不一致，这也是这种分析的一个缺点。但是，不管怎样，动词语义特征的分析确实对我们分析解释一些语法现象有帮助，不失为一种有效的方法。

---

① 兼语句、双宾句还有其他语义特征，这里从略。

五、动词的配价

“价”原本是化学概念，国内最早提出“价”（“向”）这一概念的是朱德熙先生。朱德熙先生在《“的”字结构和判断句》中根据与动词发生联系的不同的名词性成分的数目把动词分为单向动词、双向动词和三向动词。① 将“价”的概念引入汉语语法学，开拓了汉语动词研究的新领域。②

动词的“价”就是指动词可能强制性支配的名词性成分的数量。动词可以支配一个名词性成分，就属于一价动词；支配两个名词性成分，就属于二价动词，依次类推。动词在语义上可以与不同的语义成分发生联系，比如施事、受事、与事、材料、工具、时间、处所等。有些成分是必须出现的，是强制性的，否则会影响基本句义。例如：我送她一本书。这句话意义是完整而准确的，但下面的说法在没有语境的情况下是不完整的：

{谁} 送 {谁} {什么}　　我送 {谁} {什么}　　我送她 {什么}

有的成分是可出现可不出现的，例如工具、材料、时间、处所等。它们只是起丰富基本句义的作用，没有它们，句子的基本句义不会受到影响。例如：

我送她一本书。　　　昨天我在家里送她一本书。

动词的配价理论包括三个方面③：

①价量，动词可能强制性支配的名词性词语的数量。比如一价动词、二价动词、三价动词、零价动词。

②价质，动词可能强制性支配的名词性词语的语义性质。比如施事、受事、与事等。

③价位，动词可能强制性支配的名词性词语在句子中所处的位置。比如主语位置、宾语位置等。

1. 一价动词④

一价动词就是强制性支配一个名词性成分的动词，动词与这个名词性成分组

---

① 朱德熙.“的”字结构和判断句（上）[J]. 中国语文，1978（1）：23～27.

② 继朱德熙先生之后，张斌、范晓、刘丹青、袁毓林、陆俭明、胡裕树和邵敬敏等学者先后发表文章，深入研究配价理论，运用配价理论来研究分析一些汉语语法现象，并取得了丰硕成果。

③ 张斌. 现代汉语描写语法 [M]. 北京：商务印书馆，2010. 117.

④ 是否有零价动词，大家意见不一致。陆俭明先生就将动词仅划分为一价动词、二价动词、三价动词。零价动词就是不强制性支配名词性成分的动词，动词本身就能够表达完整的基本句义。例如：地震、变天、涨潮、塌方、打雷、起航。我们认为，零价动词数量极少，而且“地震”是主谓结构，本身是不是零价动词还值得讨论，所以，没有太多必要设置零价动词。

合在一起才能够表达完整的基本句义，这个名词性成分一般是动作行为的施事或者主体成分。例如：

笑 哭 逛 爬 站 走 飞 跑 逃 跳

发生 休息 出现 前进 躲藏 到来 生长

2. 二价动词

二价动词就是强制性支配两个名词性成分的动词，动词与这两个名词性成分组合在一起才能够表达完整的基本句义，其中一个名词性成分一般是动作行为的施事或者主体成分，另一个一般是动作行为的受事、对象或者结果成分。例如：

放 咬 喝 吹 关 吃 扫 记 刮 捡

调动 伤害 帮助 访问 迎接 指导 要求

3. 三价动词

三价动词就是强制性支配三个名词性成分的动词，动词与这三个名词性成分组合在一起才能够表达完整的基本句义，其中一个名词性成分一般是动作行为的施事成分，另一个一般是动作行为的受事成分，还有一个一般是动作行为的与事成分。例如：

送 问 给 还 付 喂 分 偷 罚 骗

奖励 告诉 通知 答应 退还 赔偿 委托

范晓对汉语动词的配价情况系统地进行了研究，提出了动词的配价模式，具体如下①：

一价动词

Va：他来了/会散了

Va：下雨了/出太阳了

NVa：他死了父亲/他流着眼泪

N·Va：台上坐着主席团/前面来了一个人

aVa：他伤了腰/张大伯瞎了眼睛

二价动词

aVb：张三批评了李四/我爱祖国/他是学生

aVd：我觉得很冷/他显得平静/我估计他会来

---

① 范晓．动词的“价”分类［A］．中国语文杂志社．语法研究和探索（五）［M］．北京：语文出版社，1991．转引：周国光．现代汉语动词的配价研究［J］．汉语学习，1996（1）：40～44．

a（把 b）V：张三把李四批评了
b（被 a）V：李四被张三批评了
a（pp）V：我们向他看齐/他跟我合作
baV：这本书我读过了/这个电影我看过了

三价动词
aVcb：我给了他那本书/大家称她祥林嫂
a（把 b）Vc：我把那本书给他了
b（被 a）Vc：那本书被我给他了
baVc：那本书我给他了
a（pp）Vb：我跟他商量一件事
ba（pp）V：那件事我跟他商量过了
（ac）Vb：他们商量一件事/老王和老张商量一件事
aVbd：他派我去北京工作
aVbc：大家称她为祥林嫂

动词的配价理论对汉语语法研究有一定的作用。比如可以从动词与其配价成分选择上的限制来说明汉语一些特殊句子的合法性，解释为什么有些句子能成立，有些句子不能成立的问题。例如：

我赠送她 一千元。（双宾句）　　我花费（他）一千元。（非双宾句）
我给予他 一千元。（双宾句）　　我占用（他）一千元。（非双宾句）

“赠送、给予”是三价动词，可以构成双宾句。“花费、占用”是二价动词，不能构成双宾句。

配价理论毕竟是从西方引进的，然而汉语与西方语言有很多的差异，因此，配价理论并不完全适合解释汉语语法现象。大家对一些问题还有争论，比如名词性状语成分是否计入价的指数，如果要计入，那么汉语就可能有四价动词。例如：“他昨天送她一朵玫瑰花。”再如：“我去上海。”汉语处所名词没有介词标记，而英语则有（I went to Shanghai.），在英语中处所名词不是配价成分，在汉语中算不算配价成分？用配价理论来解释一些汉语语法现象也存在问题。例如：

王冕死了父亲。　　他飞了一只鸽子。　　他烂了五筐苹果。

沈家煊指出[①]，绝大多数学者都认为“死”是一价动词，“王冕”不是“死”的配价，而是一价名词“父亲”的配价，但这又如何解释“他飞了一只鸽

① 沈家煊．句式和配价［J］．中国语文，2000（4）：291～293．

子”“他烂了五筐苹果”？总不能说“鸽子”“苹果”也是一价名词[①]。如果认为“王冕死了父亲”是由深层的“王冕的父亲死了”转换而来，那么，为什么“他的孩子哭了”和“他的眼睛湿润了”不能说成“他哭了孩子”“他湿润了眼睛”？尽管“哭”“湿润”跟“死”一样都是一价动词。这再次说明汉语语法具有特殊性，存在不少例外的情况。

句子中动词和名词是很重要的两类词，句子的句法分析主要就是分析动词和名词的关系，也就是动词和名词的配价关系，亦即语义关系。常见的动词和名词的语义关系如下：

①施事。动作行为的发出者。例如：**小王**离开了上海。

②受事。动作行为的承受者。例如：打击**敌人**。

③与事。动作行为的间接承受者。例如：给**他**衣服。

④结果。动作行为产生的结果。例如：制造**汽车**。

⑤工具。动作行为实现所借助的工具。例如：吃**大碗**。

⑥处所。动作行为实现的地点。例如：吃**食堂**。

⑦方式。动作行为实现的方法。例如：考**笔试**。

⑧对象。动作行为涉及的对象。例如：修理**自行车**。

⑨材料。动作行为实现的材料。例如：给花浇**水**。

⑩目的。动作行为实现所要达到的目的。例如：救**火**。

⑪原因。动作行为实现的理由。例如：逃避**责任**。

第三节　形容词

一、形容词的意义和种类

形容词就是表示事物性质、状态等的词。形容词的数量也很多，也是主要的词类，在表达中得到广泛的应用。形容词种类相对简单，主要分为性质形容词和状态形容词两大类[②]。

---

① “鸽子”“苹果”是零价名词。

② 形容词还有数量很少的个别种类。仅仅充当谓语的唯谓形容词，例如“昏沉”，头脑昏沉。不定量形容词，例如“多”，很多。

1. 性质形容词

性质形容词就是表示事物性质的形容词，它是形容词中最主要的部分，绝大多数形容词都是性质形容词。例如：

好　远　安定　聪明　优秀　勇敢　大　肥

大方　淘气　诚恳　红　落后　马虎　朴素

性质形容词可以再进行分类，根据是否可以带时态助词、趋向动词以及受副词“没有”或者“没”修饰的情况，性质形容词可以分为动态形容词和静态形容词。

（1）动态形容词。

动态形容词就是可以带时态助词、趋向动词以及受副词“没有”或者“没”修饰的性质形容词。例如：

丰富：丰富了　丰富起来　没有丰富

安静：安静了　安静起来　没有安静

稳定：稳定了　稳定起来　没有稳定

紧张：紧张了　紧张起来　没有紧张

红：红了　红起来　没有红

胖：胖了　胖起来　没有胖

（2）静态形容词。

静态形容词就是不能带时态助词、趋向动词，或者不受副词“没有”“没”修饰的性质形容词。例如：

草率：*草率了　*草率起来　*没有草率

长远：*长远了　*长远起来　*没有长远

对：*对了　*对起来　*没有对

悲惨：*悲惨了　*悲惨起来　*没有悲惨

沉重：*沉重了　*沉重起来　*没有沉重

蠢：*蠢了　*蠢起来　*没有蠢

至于哪些是动态形容词，哪些是静态形容词，不同的人可能归类有出入。有的把“漂亮”归入静态形容词，但是，我们认为，它符合动态形容词的特征。例如：

孩子现在漂亮多了。　家乡漂亮起来了。　*没有漂亮。

2. 状态形容词

状态形容词就是表示事物状态的形容词，状态形容词在形容词中是少数。什么是状态形容词？大家的标准不太一致。朱德熙先生将状态形容词分为五类，并指出状态形容词的语法功能是可以充当谓语、定语、状语和补语。①

①单音节形容词重叠式：小小儿的。

②双音节形容词重叠式：干干净净（的）。

③“煞白、冰凉、通红、喷香、粉碎、稀烂、精光”等。

④带后缀的形容词，如“黑乎乎、绿油油”等。

⑤“f + 形容词 + 的”形式的合成词（f 代表“很、挺”一类程度副词）：挺好的，很小的等。

我们认为，状态形容词有两个特点：

第一，不接受程度副词的修饰。例如“金贵”，从形式看，它是状态形容词，与“雪白”一样，但是它能够接受程度副词的修饰，“这东西非常金贵”。所以，“金贵”不是状态形容词。

第二，它必须是语素的重叠，而不是词的重叠。例如“高高”就是单音节形容词的重叠，它不是状态形容词。

状态形容词的结构形式主要有以下几种情况。

（1）AA 式。

AA 式是叠音词，是单纯词，往往不能拆开，否则不成立。例如：皑皑、翩翩、纷纷、漫漫、勃勃、茫茫、炎炎。

白雪皑皑	*白雪皑	翩翩起舞	*翩起舞
大雪纷纷	*大雪纷	长路漫漫	*长路漫
生机勃勃	*生机勃	茫茫大海	*茫大海
夏日炎炎	*夏日炎		

（2）AB 式。

AB 式有不同的结构形式。一种是偏正结构，前面部分修饰后面部分；一种是联合结构，前面部分和后面部分是并列关系。

①偏正结构的 AB 式。

名词语素 + 形容词语素。例如：

笔直　雪白　枣红　碧蓝　桃红　漆黑　冰凉

蜡黄　天大　金黄　血红　雪亮　笔挺　铁青

形容词语素 + 形容词语素。例如：

---

① 朱德熙．语法讲义［M］．北京：商务印书馆，1982．转引：蔺璜．状态形容词及其主要特征［J］．语文研究，2002（2）：13～16．

淡黄　浅红　灰白　嫩绿　焦黑　深绿　大红

②联合结构的 AB 式。

白胖　矮胖　细高　细瘦

（3）ABB 式。

ABB 式中 AB 不构成词，它不是 AB 词的重叠形式，比如“白茫茫”，“白茫”不是词，因此，“白茫茫”不是“白茫”的重叠形式。另外，BB 部分可能是词，也可能不是词，如“白茫茫”中“茫茫”是词，“娇滴滴”中，“滴滴”不是词。

ABB 式中 A 大部分是形容词语素。例如：

恶狠狠　乱糟糟　静悄悄　沉甸甸　黑乎乎　孤零零

黄澄澄　绿油油　凉飕飕　红彤彤　光溜溜　羞答答

有少部分是名词语素。例如：

汗津津　金灿灿　病歪歪

我们认为，“水灵灵”之类是形容词的重叠形式，而不是语素的重叠形式，“水灵”可以构成词，所以，它不是状态形容词。再如：

冷清清（冷清）　孤单单（孤单）　甜蜜蜜（甜蜜）　干巴巴（干巴）

当然，这类形容词的重叠形式同样不受程度副词的修饰，例如：

＊很冷清清　＊很赤裸裸　＊很孤单单　＊很甜蜜蜜　＊很干巴巴

（4）AABB 式。

其特点是 AB 不构成词，有的存在 ABB 格式。例如：

轰轰烈烈　孤孤零零　大大咧咧　病病歪歪　花花绿绿

密密麻麻　羞羞答答　慢慢悠悠　歪歪倒倒　兢兢业业

＊轰烈　＊孤零　＊大咧　＊病歪　＊花绿

＊密麻　＊羞答　＊慢悠　＊歪倒　＊兢业

（5）其他式。

状态形容词还有其他一些形式。例如：

黑不溜秋　灰不溜秋　黄不拉叽　酸不溜丢

灰里叭叽　老实巴交　可怜兮兮　黑咕隆咚　傻了吧唧

二、形容词的语法特征

1. *形容词原则上必须充当谓语或定语*

这种情况包括性质形容词和状态形容词，状态形容词充当谓语，有的带

“的”，有的不带“的”，可直接充当谓语。例如：

湛江的空气非常清新。　　湛江有（清新）的空气。

工作方法简单。　　（简单）的工作方法不能解决问题。

他的行为举止非常粗暴。　　（粗暴）的行为举止令人讨厌。

孩子的皮肤雪白的。　　（雪白）的皮肤惹人喜爱。

风度翩翩，让女孩儿着迷。　　他有（翩翩）的风度。

泪水汪汪，让人怜爱。　　（汪汪）的泪水流下来。

单音节的性质形容词也能充当谓语与定语①。例如：

太阳红了。　　（红）太阳升起来了。

这个人非常好。　　他是一个（好）人。

他们家庭很大，有许多人。　　他们家是一个（大）家庭。

2. 部分形容词充当状语

大部分性质形容词可以修饰动词充当状语。单音节性质形容词一般不带状语标记“地”。例如：

你［乱］说话了，得罪人了。　　这门课程［难］学，需要下苦功夫。

［少］吃猪肉，［多］吃鱼。　　下暴雨了，你们［快］跑。

双音节性质形容词，有的带标记，有的不带标记，有的可带可不带标记。例如：

这个问题［容易］理解。　　*这个问题容易地理解。

［熟练］驾驶汽车。　　［熟练］地驾驶汽车。

两国元首正在［亲切］交谈。　　两国元首正在［亲切］地交谈。

［正确］领会领导讲话的精神。　　［正确］地领会领导讲话的精神。

有极少数的性质形容词也不充当状语。例如：

精明　伟大　美　胖　难吃　渺小　有害

部分状态形容词也可以充当状语。例如：

学生［纷纷］举手回答问题。　　他［恶狠狠］说……

花儿一夜间［静悄悄］绽放了。　　一个人［孤零零］住在乡下老家。

战士们［密密麻麻］站着。　　他酒喝多了，［歪歪倒倒］走回家来。

有的需要带上状语标记“地”。例如：

她［羞羞答答］地站起来说……　　［兢兢业业］地工作了一辈子。

---

① 状态形容词都是多音节的。

他［可怜兮兮］地哭着跑了出去。

他［老实巴交］地站在那里，一动不动。

3. 部分形容词充当补语

大部分性质形容词可以充当补语，有的直接可以充当补语，不需要带补语标记“得”。例如：

我们吃<好>了。　　把杯子摔<坏>了。

听<清楚>老师讲的每一句话。　　把房间清理<干净>。

有的需要带补语标记“得”。例如：

她的病好得<快>。　　现在生活好了，孩子长得<高>。

老师今天的课讲得<仔细>。　　那位歌手唱得<动听>。

她设计得<完美>。　　教授分析得<准确>。

有的如果不带补语标记“得”，句子不成立，例如：

＊她的病好快。　　＊现在生活好了，孩子长高。

＊老师今天的课讲仔细。　　＊那位歌手唱动听。

如果不带补语标记“得”，有的结构关系还会变化。试比较：

她设计完美。　　她设计得<完美>。

教授分析准确。　　教授分析得<准确>。

有的状态形容词也可以充当补语，一般要加上补语标记“得”。例如：

他们暑假晒得<黑乎乎>的。

那人长得<黑不溜秋>的，难看死了。

孩子没穿衣服，脱得<光溜溜>的。

他俩打得<火热>，关系好得很。

4. 部分形容词充当主语与宾语

这类形容词主要是性质形容词，且充当主语的较少，充当宾语的较多。例如[①]：

骄傲使人落后，虚心使人进步。

长得漂亮有什么用？漂亮不能当饭吃。

老人更喜欢安静。　　做人要保持低调。

努力追求幸福。　　他很讨厌吵闹。

---

① 注意：“怕麻烦”中“麻烦”不是形容词充当宾语，而是动词充当宾语，此句可以转换为：怕麻烦他。

买东西不能贪图便宜。

状态形容词也可以充当宾语。例如：

一进到洞里就感到凉飕飕的。

看见那人就觉得傻了吧唧的。

5. 形容词与副词

形容词可以充当谓语，因此，原则上它可以接受副词的修饰。当然，这类形容词主要是性质形容词，例如：

苹果［很］红了。（程度副词）　苹果［都］红了。（范围副词）

苹果［已经］红了。（时间副词）　苹果［也许］红了。（语气副词）

苹果［忽然］红了。（时间副词）　苹果［就要］红了。（关联副词）

少数状态形容词也可用副词修饰。例如：

天［还是］漆黑一片。　山洞里的水在夏天［依然］冰凉。

饭烧煳了，［已经］焦黑了。　［曾经］白胖的身子变瘦了。

他［果然］孤零零的一个人。　他［居然］慢慢悠悠地来上课。

他［仍然］老实巴交的样子。

性质形容词一般都能接受程度副词“很”和否定副词“不”的修饰。例如：

很好　很高　很美　很漂亮　很认真　很特别

不好　不高　不美　不漂亮　不认真　不特别

很小　很坏　很肥　很大方　很勇敢　很理想

不小　不坏　不肥　不大方　不勇敢　不理想

状态形容词一般不接受程度副词“很”和否定副词“不”的修饰。例如：

*很皑皑　*很翩翩　*很笔直

*很恶狠狠　*很乱糟糟　*很静悄悄

*很轰轰烈烈　*很孤孤零零　*很大大咧咧

*很黑不溜秋　*很灰不溜秋　*很黄不拉叽

*不皑皑　*不翩翩　*不笔直

*不恶狠狠　*不乱糟糟　*不静悄悄

*不轰轰烈烈　*不孤孤零零　*不大大咧咧

*不黑不溜秋　*不灰不溜秋　*不黄不拉叽

为什么状态形容词不接受程度副词“很”的修饰呢？一般认为，这些状态形容词已经隐含着程度的差异，所以不再接受程度副词“很”的修饰。

6. 形容词与重叠

部分性质形容词可以重叠。[①] 单音节性质形容词的重叠形式是 AA 式，表示恰到好处。例如：

早早　长长　紧紧　高高　轻轻　远远　小小

快快　圆圆　弯弯　亮亮　黑黑　旺旺　坏坏

有的为 AA 儿式。例如：

好好儿　慢慢儿　快快儿　紧紧儿

远远儿　圆圆儿　尖尖儿　轻轻儿

双音节性质形容词的重叠形式是 AABB 式，它们是由 AB 词重叠而成的，属于词的重叠。例如[②]：

清清楚楚（清楚）　高高兴兴（高兴）　痛痛快快（痛快）

老老实实（老实）　冷冷清清（冷清）　快快乐乐（快乐）

漂漂亮亮（漂亮）　冒冒失失（冒失）　大大方方（大方）

结结实实（结实）　方方正正（方正）　规规矩矩（规矩）

彻彻底底（彻底）　安安全全（安全）

部分含有贬义的双音节性质形容词重叠形式是 A 里 AB 式，例如：

马里马虎（马虎）　糊里糊涂（糊涂）　古里古怪（古怪）

小里小气（小气）　土里土气（土气）　慌里慌张（慌张）

妖里妖气（妖气）　花里花哨（花哨）　怪里怪气（怪气）

此处需注意的是，“高高低低、红红绿绿、大大小小”是单音节形容词重叠之后的连用，在这个意义上，“高低、红绿、大小”是短语，不是词，是短语的重叠形式，不是形容词的重叠形式。与之类似的还有名词性的“瓶瓶罐罐、前前后后”，动词性的“打打杀杀、吃吃喝喝”等。

7. 形容词带定语

这里的形容词，主要是性质形容词。原则上形容词不能够加带定语，定语是名词的专利，只有名词才有资格被定语修饰。但是，在汉语实际的运用中，定语修饰形容词是比较普遍的现象。例如：

（她）的**苦恼**谁也体会不到。

（敌人）的**残酷**是闻所未闻的。

---

① 状态形容词是词的内部语素的重叠，所以，它不再有重叠形式。

② “明明白白”，我们认为是动词的重叠形式，它可以充当动词，例如：明明白白我的心。

(你)(对我)的**好**我已经铭记在心。

孩子们享受着(童年)的**幸福**。

她是(我们大家)的**骄傲**。

(我)的**热情**好像一把火。

(自己)的**快乐**不能建立在别人的痛苦之上。

在携带定语的情况下，这些形容词的语法性质已经名词化了，属于名词。正如前面所说，如果状语是谓词的标记，那么，定语则是名词的标记，定语能够使形容词、动词名词化，汉语谓词的名词化是通过令定语修饰之而实现的。

上述形容词被定语修饰之前可以接受程度副词的修饰。例如：

很苦恼　很残酷　很好　很幸福　很骄傲

但是，这些形容词在被定语修饰之后就不能接受程度副词的修饰了。例如：

*她的很**苦恼**谁也体会不到。　*敌人的很**残酷**是闻所未闻的。

*你对我的很**好**我已经铭记在心。　*孩子们享受着童年的很**幸福**。

*她是我们大家的很**骄傲**。

这足以说明这些词已经失去了形容词的性质，它们已经是名词了。定语修饰形容词还有一种情况。例如：

(你们)的**不团结**使集体蒙受了巨大损失。

(他)的**不理智**给自己带来了很大的麻烦。

在这两个例句里，形容词一方面带上了定语，转化为名词，另一方面又带上了否定副词“不”。既然转化为名词了，为什么又能够接受否定副词“不”的修饰呢？我们认为，“不团结”是形容词性的偏正结构的短语，“你们”是“不团结”的定语，而不是“团结”的定语，也就是说，定语“你们”使“不团结”这个短语名词化。定语不仅可以使形容词名词化，也可以使形容词性短语名词化。当然，这个问题还值得深入研究。

8. 形容词与宾语

形容词不带宾语，如果形容词带上宾语，则转化为动词，从这个意义上讲，携带宾语是动词的专属权，其他词类不具有这个属性。例如：

形容词：花很红　树很直　态度很端正　市场很繁荣

动　词：红着脸　直着腰　端正态度　繁荣市场

动词在携带宾语的情况下不能接受程度副词的修饰。例如：

*很红着脸　*很直着腰　*很端正态度　*很繁荣市场

再如：

事情很麻烦　麻烦你　　交通很方便　方便群众
价格很便宜　便宜你了　性格很活跃　活跃气氛
她们很激动　激动人心

其他如：

重质量，不重数量。　好了伤疤忘了疼。
别冷淡了小张。　今天的菜贵了两块钱。
今年流行旗袍。　多了三个人。
轻教学，重科研。

“麻烦”类词语属于兼类词，兼属形容词和动词两类。至于“红、好、直、贵、多”等算不算兼类词还值得商榷。

三、形容词的应用

1．度量衡形容词

度量衡形容词就是能够携带由数词与度量衡量词组成的数量短语的形容词。度量衡量词主要有：米、尺、丈、公里、斤、吨、里、千米、克、升、立方米、两、寸、厘米、公分等。度量衡形容词主要是单音节的，而且多半是成对的，主要有：

大/小　高/低　重/轻　深/浅　厚/薄
粗/细　长/短　多/少　宽/窄　远/近

度量衡量词构成的数量短语在这类形容词后面大多充当补语。例如：

她又重了<十斤>。　这块儿木头厚了<两厘米>。
他的腰围小了<两寸>。　今年孩子又高了<三厘米>。
这条道路宽了<十米>。　他比上次跳远比赛远了<一米>。
买的菜多了<一斤>。　这个溶洞比我们预计的深了<十米>。
绳子粗了<一公分>，不符合要求。

这种成对的度量衡形容词往往是反义关系，因此，它们像其他反义词一样，有的存在一种不平衡现象。例如：

深了一米　*浅了一米
粗了一米　*细了一米
厚了一米　*薄了一米

当然也有平衡的情况。例如：

重了十斤　轻了十斤

大了一寸　小了一寸

多了一斤　少了一斤

这类度量衡形容词可以分为两类，一类是增加量，例如：大、高、重、深、厚、粗、长、多、宽、远。一类是减少量，例如：小、低、轻、浅、薄、细、短、少、窄、近。表示增加量的度量衡形容词与表示减少量的度量衡形容词在语法结构关系上也有差别。表示增加量的度量衡形容词跟这类数量短语可以形成中补关系，数量短语充当补语；也可以形成主谓关系，数量短语充当谓语。例如：

重十斤　　大一寸　　多一斤

重 < 十斤 >　　大 < 一寸 >　　多 < 一斤 >

但是，如果带上时态助词“了”，则只是中补关系。例如：

重了 < 十斤 >　　大了 < 一寸 >　　多了 < 一斤 >

表示减少量的度量衡形容词跟这类数量短语组合，无论是否带上时态助词“了”，都只是形成中补关系，数量短语充当补语。例如：

轻了 < 十斤 >　　小了 < 一寸 >　　少了 < 一斤 >

轻 < 十斤 >　　小 < 一寸 >　　少 < 一斤 >

语法结构关系上的差异，实际上也是一种不平衡现象。

2. 形容词的语义指向

形容词可以充当状语、定语和补语，存在语义指向问题。具体而言，主要有以下几种情况。

（1）指向谓语动词。例如：

我国出口［快速］**增长**。　　他**吃** < 好 > 饭就出去了。

（2）指向主语。例如：

他看书看 < 累 > 了。

他度过了一个（幸福）的童年。

他［恐惧］地望着老虎。

（3）指向宾语。例如：

他［圆圆］地画了一个**圈儿**。

他买了一张（大大）的**双人床**。

他穿 < 坏 > 了**衣服**。

（4）指向介词成分[1]。例如：

他［把**衣服**］弄<脏>了。　　警察［把**老人**］［高兴］地送回家了。

有人将形容词分为一价形容词和二价形容词，认为形容词也有配价问题。例如“勇敢”是一价形容词，“他很勇敢”意义完整；“亲热”是二价形容词，必须表达为“她跟闺蜜很亲热”，意义才完整。与名词一样，配价问题不是形容词的主要特征，在此我们不作讨论。

① 介词短语中介词后面的部分。

第三章　基本词类

第一节　区别词

一、区别词的意义

区别词就是表示事物属性、具有分类作用的词。区别词以前是归属于形容词的，但是它不能充当谓语，与其他形容词截然不同，有人称为非谓形容词。充当谓语是形容词的必备条件，所以，现在把它从形容词中独立出来，称为区别词。例如：

慢性疾病　**彩色**电视　**上等**药材　**高级**职称　**西式**服装
急性疾病　**黑白**电视　**下等**药材　**中级**职称　**中式**服装
母系社会　**唯物**思想　**重型**武器　**长篇**小说　**公有**财产
父系社会　**唯心**主义　**轻型**武器　**短篇**小说　**私有**财产
头号敌人　**消防**战士　**巨幅**画像　**烈性**白酒　**古典**艺术
加急电报　**微量**元素　**伪劣**产品　**便民**措施　**额外**负担

很明显，区别词的功能主要就是对事物进行分类，表明事物的属性，让人们清楚这个事物是何种类型的。

区别词代表的事物的属性往往有对立性质，因此部分区别词往往是成对或成组的。例如：

男/女　雄/雌　单/双　金/银　正/副
西式/中式　精装/平装　民用/军用　有线/无线
国营/私营　大型/中型/小型　初级/中级/高级/特级
首要/次要　内向型/外向型　长途/短途　空心/实心
活期/定期　自动/手动/电动　优等/劣等　单面/双面
前任/现任　高频/低频　有机/无机

也有不少区别词是不成对或不成组的。例如：

后备　多边　候补　古典　光电　机电　特定

消防　混纺　巨幅　人工　公共　一贯　高寒

现行　头号　加急　应届　临界　五金　程控

边远　编外　常务　独资　固有　绝密　科普

历次　切身　日杂　适龄　卫戍　无名　远洋

区别词的内部结构主要有两种形式，一种是附加式，一种是复合式。附加式就是类似“桌子”一样的结构，只是在区别词中词缀不明显，最多只能算作类词缀，并不是真正的词缀。例如：

前缀式

无：无机　无穷　无绳　无线　无轨　无名　无期　无烟

有：有机　有线　有关　有轨　有色　有生

非：非法　非人　非分

超：超导　超级　超龄　超等

单：单轨　单面　单色　单向

后缀式

式：男式　新式　中式　西式　旧式　老式　立式　女式

性：急性　慢性　良性　恶性　烈性　硬性

型：大型　小型　中型　重型　巨型　轻型　微型　新型

等：初等　次等　高等　甲等　劣等　上等　特等　同等

头等　下等　优等　中等

级：超级　初级　甲级　特级　中级

号：大号　小号　中号　头号

办：民办　公办　国办

系：父系　母系　嫡系

营：民营　私营　国营

期：长期　定期　短期　活期　无期

实际上，有的区别词可以被看成类词缀，比如“式、号、型、性”等，但是，像“有线”之类词语中的“有”就不是类词缀了，它有明确的实实在在的意义。因此，这里完全用类词缀来概括也并不太准确。

区别词复合式中两个语素都有实实在在的含义，都是词根，其结构关系有偏正结构、联合结构、动宾结构等，其中偏正结构最多。例如：

偏正型

野生　木质　实木　长途　百科　草本　精装

国产　法定　五金　万能　电动　亲生　前任

专项　业余　新兴　现任　微量　外来　全盛

现行　历次　单轨　绝密　后起　裸体　远洋

联合型

医务　医疗　黑白　医护　科技　真正　日常

伪劣　光电　卫戍　盥洗　边远　高寒　公共

主谓型

机动　人造　军用　国营　国产　民办　自动

动宾型

夹心　仿宋　隐形　随身　切身　仿生　无烟

三音节以上的区别词的构成形式也有特点，主要有以下几种形式：

动词 + X：研究型　综合性　复合型

X + 名词：多媒体　半导体　病毒性

名词 + X：病毒性　全球性　重量级

形容词 + X：外向型　内向型

区别词是怎样形成的？这个问题还不是很清楚，初步来看它的形成主要有以下几种情况。

（1）区别词大部分是现代产生的，其中不少词是自行独立发展起来的。随着社会的发展，新观念、新事物的出现，产生了一批新的区别词。例如：多媒体、多声道。吕叔湘认为，区别词“不仅是大量存在，而且是不断产生，其增殖率仅次于名词”①。

（2）名词分化形成。名词原则上必须充当主语或宾语，但是有的名词长期充当定语，失去了充当主语与宾语的句法功能，进而演变成区别词。“男、女、金、银、医务、民事”等最初就是名词，现在为区别词。例如：

改设海政、船政、筹备、储蓄、**医务**、法务六司。（《清史稿下》）

是月也，易关市，来商旅，入货贿，以便**民事**。（《逸周书》）

① 吕叔湘．汉语语法分析问题［M］．北京：商务印书馆，1979. 598.

仲尼闻之曰："女知莫如妇，**男**知莫如夫。"（《国语》）

富人请赎之，其人求**金**甚多。（《吕氏春秋》）

（3）形容词分化形成。[①] 形容词原则上必须充当定语与谓语，但是有的形容词长期充当定语，失去了充当谓语的句法功能，进而演变成区别词。"大型、低级"等现在还保留着形容词的某些用法，能接受程度副词修饰。例如：

这是一家**特**大型企业。

犯了**很**低级的错误。

（4）短语缩略简称形成。例如：

军事方面使用 = 军用　　民间方面使用 = 民用

公家举办 = 公办　　民间举办 = 民办

中国样式 = 中式　　西方样式 = 西式

野外生长 = 野生　　棉质纺织品 = 棉纺

单音节区别词还可以作为语素构成别的词，这些词不是区别词。例如：

女—女人　男—男人　金—金子　银—银子

公—公牛　母—母牛　雄—雄狮　雌—雌狮

除了区别词外，还有一种区别词性短语。区别词性短语就是具有区别词功能的短语，也就是说，其性质是区别词，但其语言片段属于短语单位。例如"非原则性"，有人认为它也是区别词，我们认为，"原则性"是一个名词，"非原则性"是短语结构，本身不是区别词，是区别词性短语。类似的还有：

非公有制　非婚生　非本质　多民族

非对抗性　非军事　多用途　多功能

二、区别词的语法特征

1. 区别词充当定语

区别词原则上必须充当定语，也只能充当定语，这是确定区别词的唯一条件。如果不充当定语，那么，这个词就一定不是区别词。例如：

（男）同事要多关心女同事。　　要扶持（民营）企业的发展。

这一只（金）戒指很昂贵。　　国家保护稀有（野生）动物。

要重视（慢性）疾病的防治。　　买了一个新的（万能）遥控器。

---

① 王晶. 从语法角度看区别词和量词［J］. 克山师专学报，2004（1）：96～97.

不能有任何（非分）的要求。　　他是最年轻的（正）教授。

（有线）电视节目已经惠及千家万户。（副）校长因车祸去世。

近年来越来越多的人喜欢（中式）服装了。

区别词充当定语的时候，有的不能带定语标记“的”，有的可带可不带，有的必须带。例如：

（额外）的任务　　（额外）任务

＊常务的理事　　（常务）理事

（有益）的事情　　＊有益事情

2. 区别词不充当谓语

区别词原则上不充当谓语，这是区别词与形容词的差异所在。形容词必须充当谓语与定语，而区别词恰恰不能充当谓语。也正是这个特点，区别词才从形容词中脱离出来，自成一类。例如：

（美好）的生活　生活很美好　　（严谨）的作风　作风很严谨

（国产）的飞机　＊飞机很国产　　（大型）的企业　＊企业很大型

3. 区别词不充当主语或宾语

区别词原则上不充当主语或宾语，名词必须充当主语或宾语，这是区别词与名词的区别所在，当然有的名词也可以充当定语，这也是二者的共同点。例如：

（思想）问题　思想解放　　解放思想

（特技）演员　特技表演　　表演特技

（基因）工程　基因分析　　分析基因

（精装）书籍　＊精装××　　＊××精装

（袖珍）词典　＊袖珍××　　＊××袖珍

（立体）电影　＊立体××　　＊××立体

所以，“思想、特技、基因”是名词，“精装、袖珍、立体”是区别词，不能把名词与区别词混淆在一起。区别词构成的“的”字短语可以充当主语与宾语。例如：

我要精装的。　　精装的很漂亮。

教室给我多媒体的。　　慢性的不太好医治。

这间学校是国立的。　　国立的办学条件好。

野生的营养价值很高。　　男的更适合这份工作。

但是，在一定的语言条件下，区别词直接修饰的名词有时候被省略，结果就出现了区别词直接充当主语与宾语的情况。例如：

寄信：寄挂号。　　　　　　买衣服：中号不行，我要大号。

打电话：你打长途吗？　　　看病：检查结果是良性。

法庭：他被判了无期。

被省略的部分可以补充出来：

寄信：寄（挂号）**信**。

买衣服：（中号）**衣服**不行，我要（大号）**衣服**。

打电话：你打（长途）**电话**吗？

看病：检查结果是（良性）**肿瘤**。

法庭：他被判了（无期）**徒刑**。

这种情况一定是在省略名词时才出现的，应当算作特例。因而不能否定区别词原则上不充当主语与宾语这个特点。

4．区别词不充当补语与状语

名词不充当补语，部分形容词可以充当补语。区别词不充当补语，大家都认可，且保持一致看法，实际语言中也没有发现区别词充当补语的情况。

区别词是否可以充当状语的问题，各家有不同的看法。在实际语言运用中我们确实发现有的词只能充当状语与定语，不能充当其他句法成分。例如：

共同：[共同] 学习语文　　（共同）的理想

定期：[定期] 举行会议　　（定期）存款

非法：[非法] 进行集会　　（非法）手段

无限：[无限] 扩展　　　　（无限）宇宙空间

长期：[长期] 同居　　　　（长期）合同

临时：[临时] 召开会议　　（临时）工

这类情况怎么处理？是区别词还是不是区别词？张斌先生认为仍然是区别词①，邵敬敏在自己主编的《现代汉语通论》中也谈到区别词和副词的区别，他指出②，当修饰名词的时候它们是区别词，当修饰动词或形容词的时候它们是副词，也就是说，它们是区别词和副词的兼类词。对这类情况分别归类更加合理，我们同意邵敬敏先生的看法。如果区别词既可以充当状语，又可以充当定语，那么，区别词如何与副词在句法成分上相区别呢？我们认为充当状语的时候是副词，充当定语的时候是区别词。兼类处理图示如下：

---

① 张斌．新编现代汉语（第二版）[M]．上海：复旦大学出版社，2008.313.

② 邵敬敏．现代汉语通论 [M]．上海：上海教育出版社，2007.187.

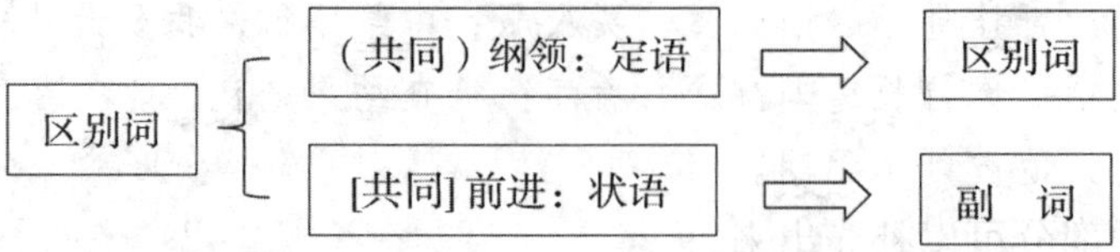

图 3－1　区别词副词兼类示意图

5．区别词与否定副词及程度副词

区别词一般不接受否定副词“不”和程度副词的修饰，否定表达的时候一般采用“非”。

＊不国产　＊很国产　非国产

＊不婚生　＊很婚生　非婚生

＊不中式　＊很中式　非中式

当然，有的区别词也不接受“非”的修饰。例如：

＊非男　＊非金　＊非公　＊非初步　＊非无期　＊非单项

但是，我们发现有个别的区别词也可以接受一些程度副词的修饰，例如：

这是一家**非常**大型的企业。　　这是一种**很**新式的武器。

这是一种**很**高效的运作方法。　　我要**最**大号的球鞋。

最首要的任务就是赶紧工作。　　这就是本章**最**主要的内容。

形容词也可以接受程度副词的修饰，但是，形容词还可以充当谓语。尽管有的区别词能够接受程度副词的修饰，但是，它们并不能充当谓语。上述例句中的区别词就不能充当谓语。例如：

＊这家企业非常大型。　　＊这种武器很新式。

＊这种运作方法很高效。　　＊球鞋最大号。

＊赶紧工作最首要。　　＊本章内容最主要。

至于像“大型”之类的区别词究竟应该怎样认识它们？我们认为，它们可能是形容词向区别词转化过程中接受程度副词修饰特点的残留，也可能它们原本是区别词，此时正在向形容词转化，初步具备了形容词接受程度副词修饰这一特点，而形容词充当谓语的特点还没有形成。究竟是哪种情况还有待进一步研究。再如“低级、中级、高级”，它们的用法不完全相同。例如：

（高级）职务　［很］高级　这个［很］高级

（中级）职务　＊很中级　＊这个［很］中级

（低级）职务　［很］低级　这个［很］低级

显然，“低级、中级、高级”从成对以及充当定语这一特点可以认定为区别词，但是，为什么“低级、高级”具备了形容词的特点，而“中级”还没有呢？可能“低级、高级”是由“低、高”两个形容词性语素构成的缘故，它们已经转化为形容词了，而“中级”还停留在区别词阶段。如果这样，那么“低级、高级”是形容词还是区别词呢？我们认为，它们既然具备了形容词的特性，就应该归属于形容词，而不是区别词。这也足以说明，随着社会的发展，有的区别词正在成对地向形容词发展转化。

有人认为下列词语是形容词兼类区别词。我们认为，根据充当谓语与定语这两个标准，它们不是区别词，而是形容词[①]。例如：

［很］封建　（封建）思想　他思想［很］<u>封建</u>

［很］正式　（正式）仪式　婚礼仪式［很］<u>正式</u>

［很］典型　（典型）事例　这事儿［相当］<u>典型</u>

［很］直接　（直接）条件　表达［非常］<u>直接</u>

最后，我们来说说区别词的界定问题。筱义对非谓形容词的特点作了七个方面的概括[②]：

①都可以直接修饰名词，例如“小型水库”“上好衣料”；②绝大多数可以加“的”修饰名词，例如“小型的水库”“上好的衣料”；③大多数可以加“的”，用在“是”字后面，例如“这个水库是小型的”，或者代替名词，例如“大型的不如小型的”；④不能充当一般性的主语和宾语；⑤不能作谓语；⑥不能在前加“很”；⑦否定用“非”不用“不”。

根据现在的实际情况，我们将区别词界定如下[③]：

（1）必须是词，而不是短语。例如“非人道”就不是区别词。

（2）不充当主语、宾语、状语、补语以及谓语。

（3）只是充当定语。

（4）有的可以接受程度副词的修饰。

---

① 张斌．新编现代汉语（第二版）［M］．上海：复旦大学出版社，2008. 312.

② 筱义．从“非谓形容词”说到形容词的再分类［J］．湖北师范学院学报，1988（2）：121～125.

③ 形容词：充当谓语且受程度副词修饰。例如“典型”就是形容词，而不是区别词。名词：充当主语或宾语且不接受“非”的修饰。例如“中美”就是名词，而不是区别词。

第二节 副词

一、副词的意义和种类

副词就是常常修饰动词、形容词，表示程度、范围、时间等意义的词。副词可以从性质、作用等方面进行分类。

1．程度副词

程度副词表示动作行为、性质等的程度，是非常常用的词。例如：

很　最　极　挺　太　非常　十分　极其

格外　分外　更　更加　越　越发　有点儿

稍　稍微　几乎　略微　过于　尤其

程度副词内部也有差异。“最、极”程度达到极点，属于最高级；“很、挺、非常、太、十分”等程度达到较高的极点，属于比较级；“稍微、略微”等程度较低。例如：

她最漂亮。（含有比较的意思，属于极品）

她很漂亮。（无比较的意思，属于上等）

她有点儿漂亮。（无比较的意思，属于中等）

2．肯定副词与否定副词

肯定副词与否定副词表示对动作行为、性质等的肯定与否定，也是非常常用的词。最常用的否定副词是“不、没有、没”。例如：

必　必须　必定　准　的确　不　没有　没　未

别　莫　勿　是否　不必　不用（甭）　不曾

3．范围副词

范围副词表示动作行为、性质等的范围，范围副词有的表示整体，有的表示局部。例如：

整体：都　全　共　总共　统统　通通　一概　一律

局部：只　仅　仅仅　单　光　单单　就　唯

举例说明如下：

他们**都**去旅游。（没有排除其他人的意思，表示整体）

仅仅他们去旅游。（排除其他人，表示局部）

他们**仅仅**去旅游。（排除其他活动，表示局部）

4. 时间与频率副词

时间与频率副词表示动作行为、性质等的时间、频率。例如：

表示时间

已 已经 曾 曾经 刚 刚刚 正 正在 终于

将 将要 就 就要 才 马上 在 立刻 顿时

从来 一向 向来 赶紧 早晚

表示频率

常常 时常 时时 往往 渐渐 总是 始终

仍然 还是 依然 重新 再三 偶尔 还 再

这些词用法上有细微的差异。例如：

他**就**来看你。（时间短） 他**才**来看你。（时间长）

5. 处所副词

处所副词表示动作行为、性质等的处所，这类副词数量很少。例如：

到处 处处 随处 四处 遍地

处所副词由于数量少，且只充当状语，意义上是“各个地方、任何地方”的意思，一般不会与处所名词混淆。例如：

[处处] 是庄稼，[遍地] 是牛羊。（任何地方都是庄稼和牛羊）

周边是庄稼。（并非任何地方都是庄稼）

6. 情态与方式副词

情态与方式副词表示动作行为、性质等的情态、方式。例如：

大肆 肆意 特意 亲自 猛然 忽然 公然

悄悄 暗暗 大力 稳步 阔步 单独 连忙

7. 语气副词

语气副词表示动作行为、性质等的语气。例如：

难道 究竟 偏偏 索性 简直 只好 不妨

也许 难怪 大约 幸而 幸亏 反倒 反正

果然 居然 竟然 何尝 何必 明明 恰恰

举例说明如下：

甲：你们派谁去参加竞赛？

乙：小黄。

甲：就他？（表示怀疑语气）

二、副词的语法特征

1. 副词充当状语

副词原则上必须充当状语，也只能充当状语，这是判断副词的充要条件。如果某个词只能充当状语，那么这个词就一定是副词。副词充当状语主要用来修饰动词与形容词。① 例如：

他［马上］吩咐小王给客人倒水。　他比过去［更加］努力。

他［必须］上大学。　他［没有］上大学。

我们［一齐］出发。　你［还是］去一趟她家吧。

他［刚刚］出门了。　学校［处处］洋溢着节日的气氛。

你［悄悄］告诉她我来了。　孩子们［究竟］发生了什么事？

你［不妨］向他请教。

副词充当状语一般不用携带状语标记“地”，当然，也有个别副词可以添加标记。例如：

个别国家［公然］**地**挑衅中国。　［暗暗］**地**帮助这个孩子。

还有几个副词同时在一个句子中充当状语的情况。例如：

这孩子［从来］［都］［很］犟。

我们［都］［必须］［马上］参加这个会议。

他［始终］［悄悄］地帮助我们。

董事长［总是］［亲自］过问销售情况。

需要注意的是，几个副词同时充当状语不能理解为组合成为一个状语。例如：

＊这孩子［从来都很］犟。

＊我们［都必须马上］参加这个会议。

＊他［始终悄悄］地帮助我们。

＊董事长［总是亲自］过问销售情况。

副词除了直接充当状语外，还可以与其他词语组合之后再来充当状语，在这

---

① 副词表面上还可以修饰名词。例如：他现在已经团长了，过几年，他就会升师长了。详细情况参阅名词部分。

种情况下不能把副词直接看成状语。例如：

你［不能够］嫁给他。→＊你［不］［能够］嫁给他。

他们［都不］参加聚会。→＊他们［都］［不］参加聚会。

她［很不高兴］地吼道。→＊她［很］［不］［高兴］地吼道。

副词充当状语的位置有两处，一处是在主语与谓语之间，一处是在主语之前，为句首状语，当然，副词状语主要还是处在主语与谓语之间。有的副词习惯处在主语与谓语之间，有的副词习惯处在主语之前，也有的副词两个位置都可以。① 例如：

她［没有］去看病。→＊［没有］她去看病。

他［已经］离开广州了。→＊［已经］他离开广州了。

［也许］她生病了。→她［也许］生病了。

［难道］你不去吗？→你［难道］不去吗？

有的副词所处位置不同，还会影响句子的含义。例如：

才八点就来上班。（时间早）　　八点**才**来上班。（时间晚）

你**就**吃西瓜。（不吃其他水果）　　**就**你吃西瓜。（其他人不吃西瓜）

需要注意的是，极个别的程度副词可以充当程度补语，主要是由“很、极”构成补语。“很”充当补语要带上补语的标记“得”，“极”则不带补语标记，但是需要在其后面加带语气词“了”。例如：

这事儿糟糕**得**<很>，没有办好。　　这办法好**得**<很>，我们支持。

桂林漓江的风景漂亮**得**<很>。　　桥梁的设计精妙<极>**了**。

唐伯虎的画美<极>**了**。

面对自己犯下的错误，她伤心<极>**了**。

2. 副词单说的情况

副词一般不能单说。例如：

你常常去厦门吗？——常常去。＊常常。

你已经准备好了吗？——已经准备好了。＊已经。

菜的味道很好吗？——很好。＊很。

能够在省略句中单说的副词主要有“不、没有、马上、也许、当然、刚好、刚刚”等。例如：

你去吗？——不。

---

① 处在主语之前作状语的副词，现在基本上都可以处在主语与谓语之间了。

你吃饭了吗？——没有。

你们什么时候出发？——马上。

你会去安阳参观殷墟遗址吗？——也许。

放假后你会去南宁度假吗？——当然。

新鞋穿着合适吗？——刚好。

什么时候到的？——刚刚。

3. 副词的关联作用

部分副词有关联作用，存在单用与合用两种情况。例如：

单用：说了**又**说　打不赢**就**走　说清楚**再**走

合用：**又**白**又**胖　**越**忙**越**乱

更多的副词是和连词配合使用，共同起关联作用。例如：

不但……**还**……

不但不汲取教训，还继续犯错误。

只有……**才**……

只有你去，他才会去。

如果……**就**……

你如果去昆明，她就跟你一起去。

即使……**也**……

即使你不参加她的婚礼，她也能够理解的。

不论……**都**……

不论上级交给我什么任务，我都会努力完成。

总体而言，副词具有定位、虚化、意义空灵、语法意义突出的特点，数量不多，常用的有五百来个，使用范围广、频率高，而且用法比较复杂。

三、副词与其他词类的区别

1. 形容词与副词的区别

有些形容词和副词意思很接近，而且都可以充当状语，这容易使二者混淆。但是，副词一般只能充当状语，形容词除此之外还可以充当定语与谓语等。因此，凡是能充当谓语或定语的是形容词，只充当状语的是副词。图示如下：

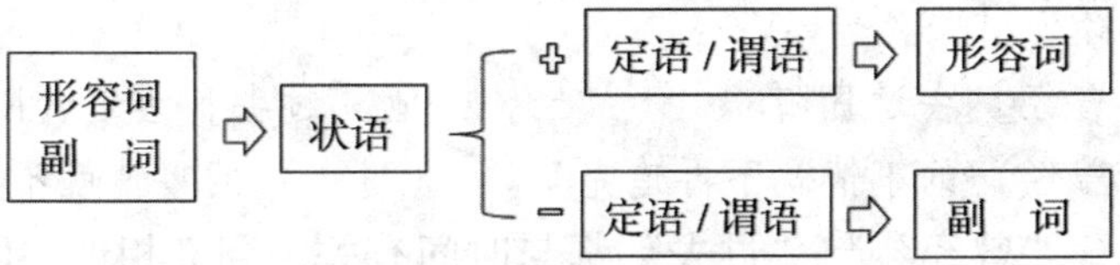

图 3－2　形容词与副词的区别示意图

例如：突然、忽然。

[忽然] 下起雨来了。

[突然] 下起雨来了。

这个消息太突然了。　　刚刚发生了（突然）事件。

＊这个消息太忽然了。　＊刚刚发生了（忽然）事件。

所以，尽管“突然”与“忽然”都跟时间有关，强调意外性，词义相近，但是，“突然”是形容词，“忽然”是副词。

再如：偶然、偶尔。

我 [偶然] 碰见她。

我 [偶尔] 碰见她。

这种现象很偶然。　　这完全是（偶然）事故。

＊这种现象很偶尔。　＊这完全是（偶尔）事故。

所以，尽管“偶然”与“偶尔”都强调非必然性，词义相近，但是，“偶然”是形容词，“偶尔”是副词。

2. 时间副词与时间名词的区别

有些时间名词和时间副词意思很接近，而且都可以充当状语，这同样容易使二者混淆。但是，时间副词一般只能充当状语，时间名词除此之外还可以充当主语、定语与宾语等。因此，凡是能充当主语、宾语或定语的是时间名词，只充当状语的是时间副词。图示如下：

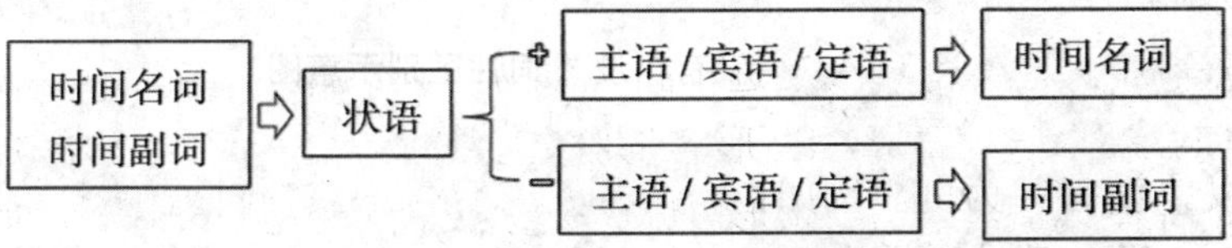

图 3－3　时间副词与时间名词的区别示意图

例如：曾经、过去。

他［曾经］去过贵阳。　　　　他［过去］去过贵阳。

＊（曾经）的事情就不再追究了。　（过去）的事情就不再追究了。

所以，尽管“曾经”与“过去”都与时间有关，词义相近，但是，“曾经”是时间副词，“过去”是时间名词。

又如：从来、从前。

她［从来］都不喜欢吃茄子。　　　［从前］她就不喜欢吃茄子。

＊（从来）的事情我已记不清楚了。　（从前）的事情我已记不清楚了。

所以，尽管“从来”与“从前”词义相近，但是，“从来”是时间副词，“从前”是时间名词。

再如：刚刚、刚才。

［刚刚］发生了一件事。

［刚才］发生了一件事。

刚才是北京时间下午三点整。

＊刚刚是北京时间下午三点整。①

所以，尽管“刚刚”与“刚才”都与时间短暂有关，词义相近，但是，“刚刚”是时间副词，“刚才”是时间名词。

3．其他词的区别

(1) 没有、没。

“没有、没”既能充当动词，也能充当否定副词，而且这两个词很常用，使用频率很高。简单而言，如果其后接的是谓词类词语，它们就是副词；如果其后接的是体词类词语，它们就是动词。图示如下：

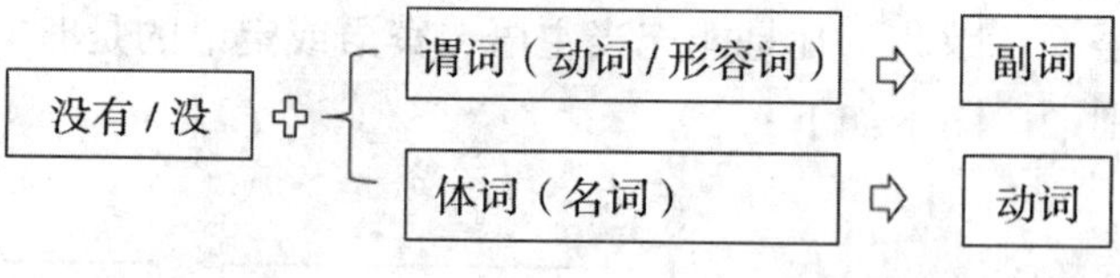

图 3－4　“没有、没”词性区别示意图

下面以“没有”为例。例如：

从来**没有**见过这样的场面。（副词）

① “刚刚”仍为状语：［刚刚］是北京时间下午三点整。

没有枪。(动词)

没有调查研究就**没有**发言权。(副词、动词)

没有这样的。(动词)

没有什么?(动词)

没有母亲的细心打理就**没有**我们这个家。(动词、动词)

没有不透风的墙。(动词)

没有怎样。(副词)

没有谁能够这样做。(动词)

(2) 白、老、净、怪。

"白、老、净、怪"既能充当形容词，也能充当副词。如果其后接的是谓词类词语，它们就是副词；如果其后接的是体词类词语，它们就是形容词。图示如下：

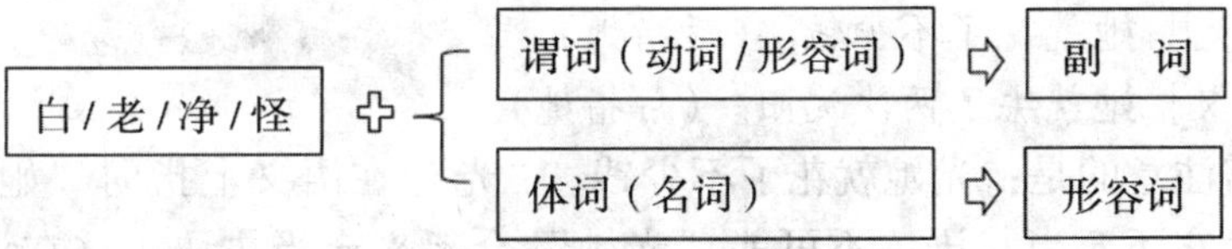

图3-5　"白、老、净、怪"词性区别示意图

例如：

形容词	副词
白球鞋（表性质，白色的）	**白**忙了一阵（表方式，空）
老黄牛（表性质，年岁较长的）	**老**不来（表时间，总是）
净水（表性质，纯净）	书上**净**是灰尘（表范围，全）
怪现象（表性质，奇怪）	**怪**好看的（表程度，很）

(3) 一点儿、有点儿。

"一点儿"既可以充当程度副词，也可以充当数量短语，要注意分辨。例如：

他［一点儿］也不喜欢我。(副词)

他［一点儿］也不想去长春玩儿。(副词)

买（一点儿）鲍鱼。(数量短语，定语)

买一点儿。(数量短语，宾语)

一点儿也不吃。(数量短语，主语)

有时候"一点儿"还与"有"组合，构成"有一点儿"或"有点儿"，也可以表示程度，相当于程度副词。例如：

长相［有点儿］对不起观众。　　这事儿［有点儿］难。

注意"有点儿"还可以构成动宾关系。例如：

钱还有点儿。　　还有（点儿）钱。

四、副词的应用

1．副词的语义指向

副词的语义指向比较复杂，每个副词又有所不同。比如范围副词有的指向前面，有的指向后面。例如：①

你们［全］来了。（前指你们）
你们［通通］不许吃饭。（前指你们）
你们［一律］不许进。（前指你们，一律＝全）
你们［均］通过考试。（前指你们）
［光］**她**就花了不少钱。（后指她）
［仅］**她**就去了两次沈阳。（后指她）

此处需注意的是：光她就花了不少钱。"光"在语义上指向"她"，但是在句法成分上它还充当状语，不可能"光她"合起来充当主语，这在语义上可以解释，但是，在语法上解释不了。［光］她［就］花了（不少）钱。

具体到每个副词，语义指向又有所不同，下面我们举几个例子加以说明。例如：

都
这些书　我［都］看过了。（所有书）
这本书　**我们**［都］看过了。（所有人）
这些书　**我们**［都］看过了。（歧义：所有书＋所有人）

别
别骑车　**带人**。（可以骑车，但是别带人）
别**躺着**　看书。（可以看书，但是别躺着）
别**出去**　**玩儿**。（既不能出去，也不能玩儿）
别**出去**　**打游戏**。（歧义：可以出去，但是不能打游戏＋既不能出去，也不能打游戏）

① 带着重号的为被指向的部分。

不[①]

他喝了（不**新鲜**）的牛奶。

这咖啡［不］**香**。

这句话［不**太**］懂。

爷爷［不］吃**面食**。

我［不**在学校**］读小说。

张老师［不］教**我们**数学。

大家［不］选**老王**当组长。

她［不］**去**　**开门**。（既否定去，也否定开门）

他［不］**骑车**上班。（要上班，但是不骑车）

副词的语义指向还有叠加关系。例如：

[别 不 好 意思]给她讲你喜欢她。

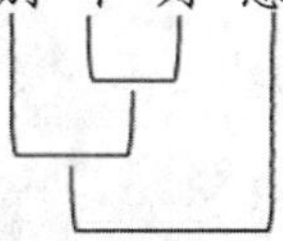

2．副词的细微差异

副词种类不同，其用法就不同，即使是同类副词有的也有细微差异，在使用的时候要注意分辨，下面举例加以说明。例如：

（1）果然、居然。

他果然迟到了。（在意料之中）　　他居然迟到了。（在意料之外）

（2）再、又、还、也。

你再睡一会儿。（将要重复的动作）

你又睡一会儿。（已经重复的动作）

你还睡一会儿。（动作继续进行）

你也睡一会儿。（与他人比较，将要重复的动作）

（3）没有/没、不。

“没有”与“没”用法相同，二者没有严格的界限，基本上可以互换，只是有的语境下习惯用“没”，口语中为了追求简明更多用“没”。例如：

---

① 赫琳，吴迪．副词语义指向自动识别的路径探讨和个案分析［J］．武汉大学学报，2009（4）：459～463．

没能很好地招待你们。→　＊没有能很好地招待你们。

你吃饭了吗？——没呢。

“不”和“没有/没”都可以对一些动词和形容词进行否定，但是，二者有明显的差别，形容词一般多用“不”否定，动词两个都可以使用。例如：

他人品不好。　　　＊他人品没有好。

他身体不舒服。　　＊他身体没有舒服。

即使是同样表示否定，意义也有所不同。例如：

山上的花没有红。（对过程的否定）

山上的花不红。（对结果的否定）

他不回家。（不会回家，对不会发生的行为的否定）

他没有回家。（会回家，对尚未发生的行为的否定）

他从来没有去过银川。（表示对“曾经”的否定）

（4）太。

①程度过分，相当于“特别”，常常表示一种不满。例如：

教室里的学生太多了。　　他太不谦虚了。

你也太霸道了。

②程度达到极点，相当于“极”，表示感叹。例如：

他太傻了，又被人骗了。　　老刘太谦虚了，不求任何回报。

她太漂亮了，很多人都喜欢她。

③程度较高，相当于“很”，往往同“不”配合使用。例如：

成绩不太好。　　对他不太满意。　　找工作不太顺利。

第三节　数词

一、数词的意义和种类

数词就是表示数量的词，分为基数词、位数词与概数词三类。[①]

---

① 注意：“廿（niàn 二十）、卅（sà 三十）、卌（xì 四十）、皕（bì 两百）”是基数词与位数词的组合，现在已经很少使用了。

1．基数词

基数词就是最基本的数词，它分为普通的基数词与特殊的基数词。例如：

普通的基数词：一　二　三　四　五　六　七　八　九　十　〇（零）

特殊的基数词：半　两　双

2．位数词

位数词就是处在数目中位数位置的词。常见的位数词如下：

十　百　千　万　亿　兆（百万）

3．概数词

概数词就是表示不定量的数词。常见的概数词如下①：

几　多　数　许多　无数　若干　两

“十”既是基数词，又是位数词。例如：“二十”中“十”是位数词，“十万”中“十”是基数词。

“半、两、双”是特殊的基数词，例如：我还想吃半个馒头。我还有两个假期。“双”既可以是数词，例如：双职工、双眼皮；也可以是量词，例如：一双鞋、一双手套。

为了防止财务数据的错误，部分基数词和部分位数词还有大写形式：壹、贰、叁、肆、伍、陆、柒、捌、玖、拾、佰、仟。

“几、多、数、许多、无数、若干、好些”之所以是数词，是因为它们后面能够接量词，并表示不定的数量。例如：

几个　多个　数个　许多个

无数个　若干个　好些个

有的人把“多少”看成概数词，我们觉得这个是不太恰当的，它应该是疑问代词，它是代替一定数量的疑问代词。既然代替数量，它就具备数词的特点，当然其后可以接量词，比如“多少个人都制服不了他”，其中的“多少”是疑问代词的非疑问用法。

“俩、仨”是数词与量词的结合体，分别相当于“两个、三个”。例如：

你们俩怎么迟到了。　　他们仨老是形影不离。

所以，“俩、仨”可以看成数词与量词的结合，即数量词。

“二、两”都可以看作基数词，但是，二者用法上有差异。“两”作为数词只出现在位数词的前面，“二”前后都可以。例如：

① 张斌．新编现代汉语（第二版）［M］．上海：复旦大学出版社，2008. 291.

＊两十　两百　两千　两万

二十　二百　二千　二万

＊十两　＊百两　＊千两　＊万两

十二　百二　千二　万二

量词前面一般用“两”，不用“二”。例如：

两对球鞋　　两双手套　　两套房屋　　两堆篝火

＊二对球鞋　＊二双手套　＊二套房屋　＊二堆篝火

“二”可以用于序数的表达，“两”不行，只是表达基数。例如：第二胎、二胎（＊两胎）、二叔（＊两叔）。

度量衡单位，除了“两两”之外，其他可以通用。例如：

二两　　二斤　二升　二米

＊两两　两斤　两升　两米

二、数目的表达方法

数目与数词不是一个概念，数词由极少的词构成，数量极为有限，数目由数词组合而成，可以生成无限的数目。例如：

十二　一百八　二千三百五十一　十三亿三千六百万

数目与量词的组合仍为数量短语。例如：

十八个　一百一十六个　三千五百九十一个

汉语数目的表达有多种方法，具体如下：

(1) 概数表达法。

①采用数词表达。

直接采用概数词表达。例如：

几位老师　多位同事　数天时间　许多大臣

无数星星　若干问题　随便说两句①

直接采用相邻的两个基数词表达。例如：

一两个老师　两三个同学　三四个同事

四五个问题　五六个苹果　六七个学生

七八个领导　八九个干部

---

① 这里的“两”是概数词，不是基数词。“随便说两句”是随便说几句的意思，不是表达确切的数量。

采用基数词与位数词组合表达。例如：

三四十天　一二百人　七八十斤　十二三天　四五千人　六七千万

直接采用相邻的两个位数词表达。例如：

千百年前　百十只羊　千百张纸

②采用后加助词表达。这类助词主要有“来、多、把、左右、上下、以上、以下、开外”等，并且这类助词放在数词或数量短语的后面。例如：

十来个人　三十多斤　百把支枪

三十岁左右　五十岁上下　六十岁开外

二十五岁以上　四十岁以下

③采用前加助词表达。这类助词主要有“成、上、数、近、约”等，并且这类助词放在数词或数量短语的前面。例如：

成千上万　成千架飞机　上万人　数十人

近三百人　近万米高空　约二十人

（2）序数表达法。

①采用前加“第、初、老”等助词表达。例如：

第一名　第十二名　第一百三十五名

农历初一　农历初六　农历初十

老大　老二　老九

“初”主要用于农历，而且多在十以内，超过十，一般不再用“初”表达，直接说农历八月十一。①

“老”主要用于排行，超过十，一般也不用“老”表达了。②

为了追求简明的表达效果，有时候这类助词可以省略。③ 例如：

三哥　四车间　二食堂　五号楼　一等奖

三婶儿　三营　八队　六组　五楼

②采用天干地支表达④。

天干：甲　乙　丙　丁　戊　己　庚　辛　壬　癸

---

① 孩子读书经常说的“初一、初二、初三”不是序数，“初”是初级的意思，“初一”就是初级中学一年级的简称。

② “老大”有时候也不是序数，它可以指黑恶势力的首领，例如：他是我们这里的老大，谁敢不交保护费。

③ 名次一般不能省略，“第一名”不说“一名”。

④ 注意读音：庚（gēng）、壬（rén）、癸（guǐ）、寅（yín）、卯（mǎo）、辰（chén）、巳（sì）、酉（yǒu）、戌（xū）、亥（hài）。

地支：子　丑　寅　卯　辰　巳

　　午　未　申　酉　戌　亥

“练习一、图一、表一”之类里面的“一”是基数词，不表示序数，它可以无限地一直排列下去，跟我们数数是一样的道理。

（3）分数表达法。

①采用“X 分之 Y”格式表达。例如：

五分之三　十分之二　百分之五　千分之八

②采用“X 成”格式表达。例如：

三成　五成　七成　九成

“X 成”就是百分之 X 十，如“三成”就是百分之三十，其余类推。

（4）倍数表达法。

倍数由数词加上“倍”字组成。例如：

今年的产量增加了一倍。

X 是 3 的 12 倍，请问 X 是多少？

他现在的收入比十年前增加了十多倍。

倍数只能用来表示数目的增加，不能用于数目的减少。也就是说，不能说“减少了几倍”，只能说“增加了几倍”。而分数既可以表示数目的增加，也可以表示数目的减少。例如：

收入增加了一倍。　　　　*收入减少了一倍。

收入增加了百分之四十。　　收入减少了百分之四十。

另外，“增加到”与“增加了”意义有很大的不同，要注意分辨。例如工资从 1 000 涨到 2 000，表达如下：

工资增加了一千　工资增加到两千

“增加了”是净增量，“增加到”是最终量。类似的还有“增长了、增长到、上升了、上升到”等。

三、数词的语法特征[①]

1. 数词与名词组合

数词一般不直接跟名词组合，需要与量词组合构成量词短语，再充当句法成

---

① 数词与量词的组合是数词与量词的一大特点，相关内容在量词部分讨论。

分。但是，数字直接跟名词的情况在古汉语中比较常见，今天它们还大量地保留在一些成语词汇中。例如：

三心二意　千山万水　一草一木　一针一线

三姑六婆　七情六欲　二龙戏珠　五湖四海

五谷不分　九牛一毛　五马分尸　两袖清风

一字千金　万众一心　千方百计　千秋万代

一丝一毫　七嘴八舌　一朝一夕　一尘不染

今天也有这种情况，只是很少见。例如：

三兄弟　五姐妹　十万人　一手拿笔

一车间　一食堂　二分厂　二楼

抱成一团　围成一圈儿　三阶段

实际上，上述例子可以补出量词，可以看成为了追求简明而省略掉了量词。例如：

三个兄弟　五个姐妹　十万个人　一只手拿笔

一个车间　一个食堂　二个分厂　二层楼

抱成一个团　围成一个圈儿　三个阶段

也有无法补出量词的情况。例如：三年级。

但是，这种省略量词的情况并不普遍。因此，对汉语语法来讲，数词首先与量词组合还是一个重要的基本规则。

2. 数词修饰形容词与动词

这种情况在古汉语中比较普遍。例如成语：

一清二楚　四通八达　万紫千红　七折八扣

七上八下　百战百胜　七拼八凑　一干二净

十全十美　三顾茅庐　千辛万苦　四分五裂

今天这种情况很少。例如：

他在股市一进二出就赚了不少钱。

他已经是三进宫了。

十五的月亮十六圆。

北大法学院沈岿教授三问某部长。

王新有深入南丰调研“四进四联四帮”[①] 活动。

---

① 江西省抚州市委的工作口号。

百闻不如一见。

万变不离其宗。

3．数词充当主语与宾语

在现代汉语中，数词充当主语与宾语主要是在数字计算中。例如：

一加一等于二　三等于一加二　九等于三乘三

成语中也有类似情况。例如：

百里挑一　九九归一　丢三落四　杀一儆百

万无一失　颠三倒四　一了百了　推三阻四

数词一般不充当谓语与补语。“你很二”中这个“二”不是数词，已经是形容词了。

第四节　量词

一、量词的意义和种类

量词就是表示计算单位的词，因此又称为单位词。量词可以分为两大类，即名量词和动量词。[①] 名量词就是用于名词方面的量词，比如“一本书”；动量词就是用于动词方面的量词，比如“去了一次”。名量词和动量词都有专用量词与借用量词之分[②]，一般而言，专用的量词具有固定性的特点，借用的量词具有临时性的特点，并且还在不断变化与发展。由于汉语词类的复杂性，同一个量词可能分属不同的词类，这些词并非只充当量词，它们还可能充当其他词类。比如“把”既是量词，又是动词，还是介词。

1．名量词

（1）专用名量词。

①度量衡量词。

尺（布）　寸（光阴）　斤（肉）　枝（花）

吨（钢材）　亩（田）　升（水）

① 名量词还被称为物量词，为了与动量词对应，我们称之为名量词。

② 专用量词与借用量词并没有清晰的界限，理论上，专用量词都是从借用量词发展而来的，有的量词可能正处在借用量词向专用量词转换的过渡阶段，因此，看起来，它既像专用量词，又像借用量词。

②个体量词。

根（筷子）　张（椅子）　道（霞光）　把（剑）

块（糖）　匹（马）　件（皮袄）　个（笔记本）　本（画册）

③集体量词。

定量：对（双胞胎）　副（手铐）　双（布鞋）

副（牌）　套（设备）　打（dá）（啤酒）

不定量：堆（灰尘）　伙（朋友）　批（服装）　帮（家伙）

班（人）　群（姐妹）　些（礼物）　点（米饭）

（2）借用名量词。

①借自名词。

尾（鱼）　杯（咖啡）　盒（口香糖）

桶（水）　碗（粥）　手（好菜）

②借自动词。

挑（蔬菜）　捆（木柴）　拨（人）　包（糖果）

担（粮食）　串（项链）　卷（纸）　堆（垃圾）

至于“秒、秒钟、分、分钟、小时、天、日、周、旬、季、年、月”等，根据在名词部分的相关论述，凡是能够像量词一样重叠的则可以视为量词，据此量词有“秒、分、天、日、周、年、月”。“秒钟、分钟、小时、旬、季”等属于时间名词。①

2. 动量词

（1）专用动量词。

下（敲打）　次（看）　趟（跑）　遍（写）　阵（想）

番（比较）　场（干）　通（说）　顿（揍）　回（哭）

（2）借用动量词。

①借自名词。

笔（画一笔）　枪（开两枪）　刀（切三刀）　口（咬一口）

眼（瞧一眼）　拳（揍一拳）　脚（踢一脚）　面（见一面）

②借自动词。

踢（踢了一踢）　看（看了一看）　摸（摸了一摸）

碰（碰了一碰）　推（推了一推）　踹（踹了一踹）

---

① 详细情况参见名词部分中的时间名词。

这类量词比较特殊，使用面很窄，使用频度也很低。例如：

我朝他踢了一踢，他居然一点儿反应都没有。

我看了一看，啥情况也没有。

这里，“看了一看”与“看一看”不同，后者是动词重叠形式，二者句法成分明显不同。例如：

我看了 <一看>，啥情况也没有。

我［随便］看一看，没关系吧？

我们发现，近年来出现了极个别的动量词充当定语的情况，似乎有动量词名量词化倾向。例如“次”，大家都认为它是动量词，但是，在实际语言中，它可以充当定语，与中心词语形成定中关系。中心词语有的是名词，有的原本是动词。例如：

（一次）沉重的**打击**　　（一次）愉快的**旅程**

（一次）难忘的**回忆**　　（一次）意外的**结果**

目前只是发现动量词“次”有这种新变化。

3. 复合量词

复合量词主要是由两个不同的量词复合而成的，就两个量词之间的关系而言，主要有乘法关系和加法关系两类，因此，可以分为乘法性复合量词和加法性复合量词。

（1）乘法性复合量词。

乘法性复合量词就是两个量词之间是相乘关系。例如：

英美两国平均每天出动轰炸机 300 架次以上。

中国民航上半年运输 2.1 亿人次。

长江洪峰以 7 万秒立方经过葛洲坝。①

乘法关系的复合量词中有的量词是固定的，比如“秒立方”，时间单位以一秒计算，两个量词只有一种组合形式。有的量词是不固定的，比如“人次、架次”，两个量词有多种组合形式。例如：

100 秒立方 =1 秒 ×100 立方

300 架次 =30 架 ×10 次 =15 架 ×20 次 =50 架 ×6 次……

200 人次 =20 人 ×10 次 =10 人 ×20 次 =40 人 ×5 次……

① 架次，飞机出动或出现若干次架数的总和。人次，出现的人数和次数的总和。秒立方，每秒钟流过的水的立方量。

（2）加法性复合量词。

加法性复合量词就是两个量词之间是相加关系。例如：

广州上半年补贴各种农机 2 000 台套。

内蒙古质监局排查隐患设备 120 台件。

买家具赠送餐具 8 件套。

加法性复合量词是不固定的，两个量词有多种组合形式。例如：

2 000 台套 =1 000 台 +1 000 件 =1 500 台 +500 件……

120 台件 =100 台 +20 件 =60 台 +60 件 =80 台 +40 件……

8 件套 =7 件 +1 套 =3 件 +5 套 =2 件 +6 套……

为什么会出现复合量词？这主要是因为语言表达中会涉及不同的事物，而与这些事物搭配的量词又不同，因此为了满足不同的要求产生了复合量词。比如医疗器械，CT 扫描仪要用“台”，激光手术刀要用“套”，所以当同批次购进 CT 扫描仪和激光手术刀的时候，就必须用复合量词“台套”表达。很显然，大部分复合量词存在表达不精确的情况①。例如“300 架次”，究竟是多少架飞机，执行飞行任务多少次并不清楚。因此，复合量词只是在精确度要求不高的情况下使用。

量词的分类也只能是一个大致的种类，同一个量词，在不同的语境条件下还有细微差别，所以不能绝对地来理解和运用不同种类的量词。例如：

一件衣服（个体量词）

一件货物（集体量词）

吃了**一顿**饭　参加了**一场**婚礼（名量词）

被打了**一顿**　打了**一场**架（动量词）

“个”是应用面最广的一个量词，人、事、物都可以。例如：

远处跑来了**一个**人。（人）

这**个**事情怎么办？（事）

你去买**一个**西瓜回来吃。（物）

其他再如：

一个星期　**一个**思绪　**一个**村子　**一个**山洞　**一个**礼物

一个学校　**一个**钱包　**一个**婚礼　**一个**姑娘　**一个**心意

一个糖果　**一个**协议　**一个**会议　**一个**手术　**一个**梦想

“个”不仅用于名词，而且还用于动词与形容词。例如：

---

① 秒立方，可以精确表达。

一个快乐　一个惊喜　一个表演　一个解释　一个回忆

为什么量词“个”会得到广泛的应用？目前还不是很清楚。比如“糖果”以前更习惯用量词“颗”，现在几乎被“个”替换了。“学校”以前更习惯用量词“所”，现在也几乎被“个”替换了。“人”以前还用量词“位”，现在表示人的量词基本上都被“个”替换了，量词“位”似乎退缩到书面语了。

一般而言，量词与事物的关系是相对应的，也就是说，量词与事物的特性往往是匹配的。例如鱼是长条形的，所以用“一条鱼”，有的糖果是块状的，所以可以说“一块儿糖”。当然，随着新事物的不断涌现，量词的理据性也正在减弱。同样是家畜，使用的量词却不太一样，其原因也不太清楚。例如：

一头牛　一头猪　一匹马　一条狗　一条鱼　一只羊

一只鸡　一只鸭　一只猫　一条蛇　一匹狼　一只鹅

所以，量词的来源与形成还需要深入的研究。

二、量词的语法特征

1. 量词与重叠

大部分量词都可以重叠，这是量词的最主要特点，重叠之后表示“每一”的意思，并且还含有数量多的意义。比如“个个”，就是每一个的意思，而且人数还不是一两个，隐含人数较多的意思。不仅名量词可以重叠，动量词也可以重叠。例如：

根根　张张　块块　件件　条条　双双　点点

种种　样样　串串　卷卷　捆捆　堆堆　桶桶

碗碗　次次　趟趟　遍遍　阵阵　场场　顿顿

回回　口口　刀刀　天天　日日　夜夜　年年

月月　分分　秒秒　周周

少数量词不能重叠，如复合量词；其他量词也有不能重叠的情况。例如：

*尾尾　*伙伙　*些些　*类类　*米米　*挑挑　*笔笔

有的加上“一”才能重叠。例如：

*群群　一群群　*本本　一本本　*批批　一批批

重叠之后，有的量词前面可以接数词，而且只能接数词“一”，其他数词则不行。例如：

一根根木头　一张张白纸　一块块糖果　一件件衣服

一条条铁路　一双双布鞋　一点点水果　一串串烧烤
一卷卷纸巾　一捆捆柴火　一堆堆木柴　一碗碗米饭
一次次　一趟趟　一遍遍　一阵阵
一场场　一顿顿　一口口　一刀刀
一天天　一年年

也有的不能接“一”。例如：

*一种种　*一样样　*一年年　*一周周

2. 量词与句法成分

量词不单独充当句法成分，需要与数词组合构成数量短语后才能充当句法成分。另外，量词重叠后可以充当定语、状语、主语与谓语，不能充当补语与宾语。例如：

美女太多了，个个都喜欢。
这么难的事儿终于解决了，人人都很高兴。
你太会说话了，句句都能打动女孩子的心。
（条条）大路通罗马。
（棵棵）树都长得很好。
形势一片大好，我们［年年］增产。
把敌人［层层］包围起来。
风景真美，蓝天白云，白云朵朵。
春天到了，春风阵阵。

三、量词短语

数词与量词最大的语法特点是，二者可以组成数量短语，再由数量短语充当句法成分。量词还可以同指示代词与疑问代词组合，形成代量短语。数量短语与代量短语合称量词短语。图示如下：

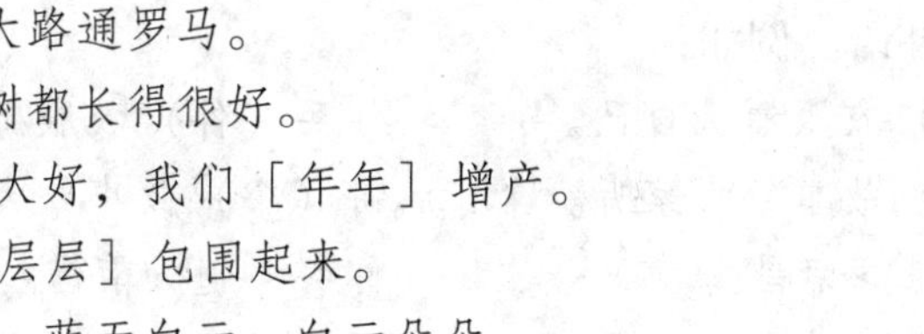

图 3－6　量词短语分类示意图

数量短语与代量短语存在套叠的情况。例如：

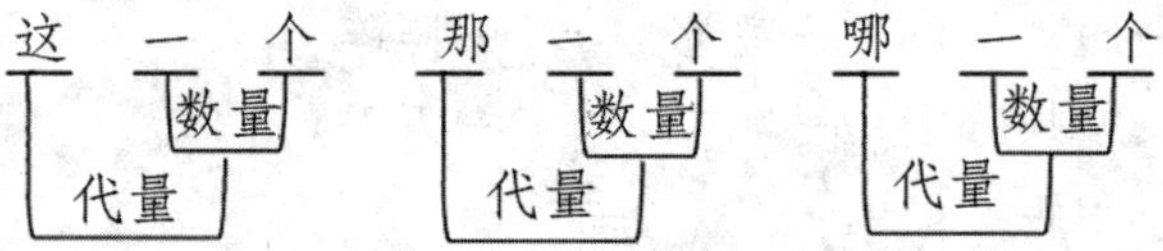

第一层为数量短语，第二层为代量短语。

数量短语还可以加上“第”，变成序数词加上量词形成的数量短语。例如：

一本　第一本　一件　第一件　一种　第一种　一双　第一双

一支　第一支　一个　第一个　一次　第一次　一遍　第一遍

一趟　第一趟　一回　第一回　一场　第一场　一顿　第一顿

1. 数量短语中“一”的省略

数量短语中数词是“一”的时候，“一”常常省略。

（1）数量短语处于动词后面。此时，数量短语可能是充当宾语的定语，也可能是充当谓语的补语。例如：

买（一件）衣服慰劳自己。　　你买（件）衣服慰劳自己。

讲（一个）故事给大家听。　　讲（个）故事给大家听。

你去<一趟>南昌。　　你去<趟>南昌。

买（一点儿）木瓜。　　买（点儿）木瓜。

吃（一些）东西再走。　　吃（些）东西再走。

“一点儿、一些”是比较特殊的数量短语，还可以用于形容词后面，也可以省略“一”。例如：

你快<一点儿>，电影开始了。　　你快<点儿>，电影开始了。

你慢<一点儿>，别摔着了。　　你慢<点儿>，别摔着了。

你快<一些>，火车要开了。　　你快<些>，火车要开了。

你慢<一些>，别着急。　　你慢<些>，别着急。

（2）代量短语内套数量短语，且数词为“一”的时候。例如：

（这一块儿）肥皂泡沫很多。　　（这块儿）肥皂泡沫很多。

（那一台）电视机更清楚。　　（那台）电视机更清楚。

领导派（哪一个）人去福州？　　领导派（哪个）人去福州？

[这一次] 谁去支教？　　[这次] 谁去支教？

（那一趟）火车是开往济南的。　　（那趟）火车是开往济南的。

［哪一天］不是我去买早餐？　　［哪天］不是我去买早餐？

2. 数量短语与重叠

有的数量短语还可以重叠，重叠之后表示“逐一”的意思。例如：

小家伙［一个一个］从教室里面跑出来。

（一群一群）的孩子在雪地上快乐地玩耍。

日子你要［一天一天］地过。　　机会不要［一次一次］错过。

模特儿［一遍一遍］地走台。　　措施要［一步一步］地完善。

3. 量词短语与句法成分

我们这里主要讨论数量短语充当句法成分的情况。数量短语主要是充当定语与补语，名量词构成的数量短语用于名词前面充当定语，动量词构成的数量短语用于动词后面充当补语。例如：

（三个）臭皮匠顶得上（一个）诸葛亮。　他今年才回来过<一次>。

我送你（三本）关于天文方面知识的书。　刚才下了<一阵>暴雨。

老板，我要（五根儿）油条。　才打<一拳>他就投降了。

我要买（两斤）猪肉。　警察开了<两枪>也没有击中逃犯。

你去山上砍（一捆）柴回来。

名量词构成的数量短语在特定条件下还可以充当主语与宾语。例如：

他吃了三个，我吃了两个。　　三个吃完了，他还想吃。

买了多少？买了一斤。　　买了多少？一斤也没有买。

从本质上看，名量词构成的数量短语充当主语与宾语是省略了中心词语造成的，它们都可以把中心词语补充出来，若补充出来，这些数量短语则转化成了定语。例如上述例子：

他吃了（三个）馒头，我吃了（两个）馒头。

（三个）馒头吃完了，他还想吃。

买了多少？买了（一斤）苹果。

买了多少？（一斤）苹果也没有买。

动量词构成的数量短语还可以充当状语，更多的时候数词只能是“一”。例如：

这部电影［一次］也没有看过。（数词只能是“一”）

教材［第二遍］还没有看完。

我［一眼］就认出了他。（数词只能是“一”）

小伙子［两口］就吃完了。

动量词构成的数量短语有时候状语和补语可以转化。例如：

他吃了<一次>。　　他［一次］也没有吃。

他看了<一遍>。　　他［一遍］也没有看。

数量短语在特定的语境下还可以充当谓语。例如：

你三个，他两个。（分东西）　　你一次，他两次。（值班）

代量短语能够充当定语、主语、宾语与谓语。例如：

这些我不要。　　我要那种。

（那件）裙子非常漂亮。　　我喜欢（这条）毛巾。

你这个，他那个。（分东西）

名量词与动量词分别构成的数量短语由于量词的性质不同，因而二者的功能有所不同。有的量词既可以充当名量词，又可以充当动量词，因此要注意分辨它们句法成分的差异。如何判断？关键在于数量短语后面是否可以补出名词性的中心词语，如果能补出中心词语，且与中心词语构成定中关系，那么，量词是名量词，其构成的数量短语可以充当宾语或主语。例如：

他被打了<一顿>。　　他又吃了（一顿）饭。

（一顿）饭也没有吃。

因此，

他被打了<一顿>。（动量词，补语）

他又吃了一顿。（名量词，宾语）

一顿也没有吃。（名量词，主语）

再如：

我跟他干了<一场>。（吵架，动量词，补语）

我跟他看了一场。（看电影，名量词，宾语）

咬了<两口>苹果。（动量词，补语）

一口还没吃，部队就要出发了。（名量词，主语）

注意下列句法成分分析：

这次我不去。　　（这次）活动我不去。

第五节　代词

一、代词的意义和种类

有人认为，一部分代词还有指示作用，因此，代词是具有代替与指示作用的词。① 我们认为，代词的根本作用是它的代替功能，指示代词的根本作用也是代替其他词语，指示作用是其附属功能。所以，代词就是具有替代其他词类功能的词。代词不是根据句法功能划分的词类，而是根据是否具有替代功能划分出来的相对独立的一种词类，严格地讲，它是一种特殊的词类。

代词主要可以从两个方面进行分类。一是按照作用划分：人称代词、指示代词与疑问代词，这也是传统的代词分类系统。二是依据句法功能划分：代名词、代谓词与代副词，这种分类有助于我们了解代词的语法功能。图示如下：

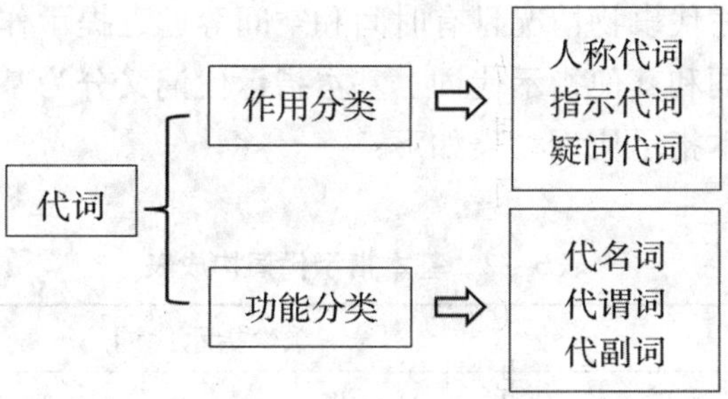

图 3－7　代词分类示意图

1. 人称代词

人称代词就是替代人和事物的代词。人称代词分为基本人称代词和其他人称代词。

主要基本人称代词：

我　咱　俺　你　您　他　她　它

---

① 黄伯荣，廖序东. 现代汉语（增订四版）：上册［M］. 北京：高等教育出版社，2007. 20.

我们　咱们　你们　他们　她们　它们

基本人称代词可以划分为第一人称代词、第二人称代词和第三人称代词，还可以划分为单数人称代词和复数人称代词。列表如下：

表 3－1　人称代词分类表

	单数	复数
第一人称	我、咱（方言）	我们、咱们
第二人称	你、您	你们
第三人称	他、她、它	他们、她们、它们

严格地讲，“它、它们”是一种物称代词，其余才是人称代词，习惯上把二者合称为人称代词。

其他人称代词：

自己　自个儿　大家　大伙　人家　别人　彼此　其①

2. 指示代词

指示代词就是替代事物情况且有时间和空间等远近提示作用的代词。指示代词分为基本指示代词和其他指示代词。基本指示代词又分为基础指示代词和派生指示代词。主要基本指示代词列表如下：

表 3－2　基本指示代词构成表

基础指示代词	派生指示代词						
这	这里	这儿	这会儿	这样	这么	这么样	这般
那	那里	那儿	那会儿	那样	那么	那么样	那般

“这些、这阵儿、这点儿、那些、那阵儿、那点儿”不是指示代词，是代量短语，可以插入数词“一”，形成“这一些、这一阵儿、这一点儿、那一些、那一阵儿、那一点儿”。之所以这些短语有指代作用，是因为“这、那”在起作用，而不是整个“这些、这阵儿、这点儿、那些、那阵儿、那点儿”等一同起作用。

① 古今通用。

其他指示代词：

每　各　另　该　某　本

其他　其余　有的　别的　所有　一切

3．疑问代词

疑问代词就是表示疑问语气的代词。主要疑问代词：

询问人、事、物：谁　什么

询问处所：哪儿　哪里

询问数量：几　多少

询问原因：为什么

询问方式与性状：怎么　怎样　怎么样　什么样　多么

疑问代词表示疑问语气，构成疑问句，可以有疑而问，也可以无疑而问，可以进行询问、反问以及设问等。例如有疑而问：

谁还没有交作业本？（询问）

你说什么？刚才没听清楚。（询问）

假期你打算去哪儿？（询问）

哪家的川菜好吃啊？（询问）

大爷，你有多少孩子？（询问）

为什么受伤害的总是我？（询问）

你怎样一个人走回家的？（询问）

无疑而问。例如：

怎么会不知道呢？（反问）

还有什么更珍贵的呢？（反问）

有谁会去自讨苦吃呢？（反问）

下面讲一个什么故事呢？从前有座山……（设问）

我们要读什么书？读一些积极向上的书。（设问）

4．代名词、代谓词与代副词

（1）代名词。

代名词就是代替名词性词语的代词，比如“谁、什么、哪儿、哪里、多少、几、这、那、这儿、那儿、这里、那里、这会儿、那会儿”等，人称代词全部属于代名词。例如：

你要买什么？（什么＝荔枝或其他，名词性词语）

你要买多少？（多少＝三斤或其他，名词性词语）

你来自哪里？（哪里 = 兰州或其他，名词性词语）

刚才谁来了？（谁 = 小王或其他，名词性词语）

几点？（几 = 三或其他，名词性词语）

这会儿办公室已经有人了。（这会儿 = 这个时候，名词性词语）

你到这里来吃饭。（这里 = 川菜馆或其他，名词性词语）

我明天要回乌鲁木齐看望奶奶。（我 = 本人，名词性词语）

她们已经会游泳了。（她们 = 一些妇女，名词性词语）

彼此要给对方一定的私人空间。（彼此 = 双方，名词性词语）

（2）代谓词。

代谓词就是代替谓词性词语的代词，谓词主要是形容词与动词，比如“怎么、怎样、这样、那样、怎么样、这么样、那么样、为什么”等。例如：

她怎样啦？（怎样 = 被批评了或其他，动词性词语）

别这样，好吗？（这样 = 送礼或其他，动词性词语）

怎么去？（怎么 = 坐车或其他，动词性词语）

这么样一个人你还当成宝？（这么样 = 非常差或其他，形容词性词语）

她为什么没来上课？（为什么 = 不舒服或其他，形容词性词语）

他的设计你觉得怎么样？（怎么样 = 好或其他，形容词性词语）

（3）代副词。

代副词就是代替副词性词语的代词。比如“这么、那么、这般、那般、多么”等。例如：

这么爽快就答应她的要求了。（这么 = 很或其他，副词性词语）

那么早就下班了吗？（那么 = 非常或其他，副词性词语）

这般努力还是没有竞选上班长。（这般 = 十分或其他，副词性词语）

多么幸福的童年生活！（多么 = 非常或其他，副词性词语）

当然，需要指出的是，这种划分不是绝对的，有的代词可能既代替谓词，又代替副词。比如“这样”：

你这样就不对了。（这样 = 打人或其他，动词性词语）

他答题这样仔细还是出现了错误。（这样 = 非常，副词性词语）

为什么对我这样好？ = 为什么对我这么好？

一般情况下，代名词不会同代谓词与代副词产生交集。

二、代词的语法特征

代词由于自身的替代功能独树一帜，自成一类，具有独立性的特点，因此，代词没有属于自己的具体的语法特征，它代替什么词类就具有该类词的典型语法特征。所以，从这个意义上来讲，代词如果具有一定的语法特征，那么它的语法特征也是开放性的，拥有它所代替的各类性质词语的全部语法特征。①

1. 代替名词性词语

代替名词性词语，具有名词的语法特征，不接受副词的修饰，可以充当主语、宾语与定语等。例如：

你在想什么？　　什么也没有想。

（什么）人我也不认识。　　这么隆重的仪式，谁要来？

（谁）的毛笔丢了？　　你昨天打谁了？家长都到学校告状了。

我不管他是（哪里）人。　　你去那里帮我拿一个快递。

那里我不去。　　（那里）的同学都调走了。

孩子在哪儿？　　（多少）家庭一直都为孩子忙碌。

自己照顾好自己。　　你去（她们）家借一点儿钱。

如果是代替时间与处所的词语，还可以充当状语。例如：

我［那会儿］还在飞机上。

你们明天［哪里］见面？

2. 代替谓词性词语

代替谓词性词语，具有形容词与动词的语法特征，可以接受部分副词的修饰，充当谓语与定语、状语、补语等。例如：

你们怎么啦？还不赶快回家。　　这事儿已经那样了，听天由命吧！

你就［这样］处理吧。　　你［怎么样］解决这起事故？

有（这样）的事情？　　（什么样）的人我都见过，怕谁？

婚礼办得<怎么样>？　　蜜月玩儿得<怎样>？

还可以接受部分副词的修饰。例如：

你［别］那样，有什么事儿好好说。

---

① 疑问代词“哪、多少”以及指示代词“这、那”还可以与量词构成代量短语，参见量词部分相关内容。

他长得<不怎样>。

她［都］这样了，你就原谅她吧。

3. 代替副词性词语

代替副词性词语，具有副词的语法特征，可以修饰谓词，充当状语等。例如：

这景色［多么］美呀！

［这么］差劲，他还想去留学？

他［这么］坏，我才不同他交往。

三、代词的应用

（一）代词的虚指与任指用法

虚指就是指称对象不确定，包括说不出和不想说出两种情况。任指就是指称对象具有周遍性，无例外情况，常与“都、也”等副词搭配使用。例如：

不知道是**谁**干的。　　**谁**干的我很清楚。

上面两个例句中的“谁”就是虚指。前一句说话人不清楚究竟是哪一个干的，属于说不出的情况；后一句说话人知道是谁干的，但为了顾及对方情绪，不想说出来。再如：

谁我都敢批评。　　我**谁**也不怕。

上面两个例句中的“谁”就是任指，含有“所有”人的意思，无论张三，还是李四，毫无例外。

代词的虚指与任指用法主要涉及疑问代词，人称代词与指示代词在特定情况下也存在虚指用法。

1. 疑问代词的虚指与任指用法

在非疑问句里，疑问代词才存在虚指与任指用法，所以，疑问代词的虚指与任指用法又称为疑问代词的非疑问用法。例如：刚才是谁在说话？“谁”既非虚指，也非任指，属于疑问代词的疑问用法。疑问代词的虚指与任指用法举例分析如下：

社会主义不是救济主义，**谁**都得干活。（谁＝任何人，任指）

他**什么**都好，就是没有钱。（什么＝任何方面，任指）

无论**哪儿**，他都去过。（哪儿＝任何地方，任指）

记得**谁**的小说里有这么个故事。（说不出，虚指）

我好像在**哪儿**见过她。（说不出，虚指）

全场里好像有**谁**在抽烟。（不知道，虚指）

注意分辨：

谁我都招惹不起。（任指）　　我也不知道**谁**来了。（虚指）

什么人说**什么**话。（任指）　　她忽然想起了**什么**。（虚指）

怎么办他都不满意。（任指）　　不知道**怎么**解决这个问题。（虚指）

2．人称代词的虚指用法

人称代词“你、我”在特定的语境中不确指某一个人而形成虚指。例如：

同学聚会结束了，大家**我**看看**你**，**你**看看**我**，谁也不想先离开。

班委会上，**你**一言**我**一语，大家踊跃发言。

3．指示代词的虚指用法

指示代词“这、那”在对举的时候，也可以不确指某人或某事物，属于虚指用法。例如：

这不是，**那**也不是，你究竟想干什么？

他一进门儿就**这**瞧瞧，**那**看看。

（二）其他代词的用法

1．人称代词

（1）我们、咱们。

“我们”既可以指代听说双方，称为包括式，又可以指代说话一方，称为排除式。“咱们”仅仅指代听说双方，只有包括式。概括如下：

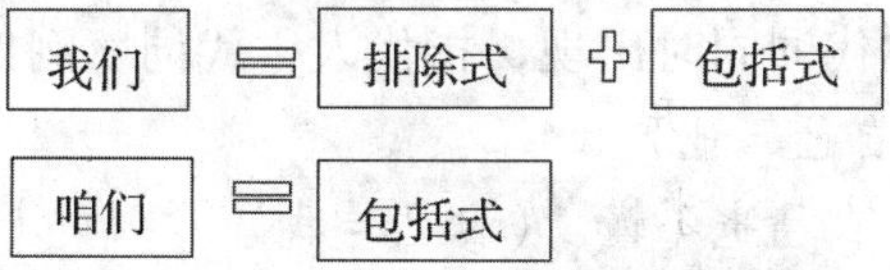

图 3－8　“我们、咱们”区别示意图

因此，要注意分辨它们的不同，不要用错。例如：

我们去看电影，你们呢？（排除式）

＊咱们去看电影，你们呢？（排除式）

同学们，我们都去看电影。（包括式）

同学们，咱们都去看电影。（包括式）

（2）您、您们。

最初表示敬称的只有第二人称代词单数“您”，不过，近年来出现了复数敬称的表达形式“您们”，但是在口语中更习惯使用“您二位”“您几位”等。例如网络例子：

昨天又是千股涨停！您接下来会怎么做？

打造个性美，造型专家仔仔老师为您量身定制。

爸爸妈妈，您们也辛苦啦！

救我爸的好心人，您们在哪儿？

您二位想吃点儿什么？

有人认为不能用“您们”，现在看来是可以的。

（3）你/你们、他/他们、她/她们。

第三人称代词单复数很早就有性别差异，使用的时候要区分性别，性别上的区别实际上是男女平等意识的一种反映。单个女性用“她”，全是女性用“她们”；单个男性用“他”，全是男性或者有男有女用“他们”。

需要特别注意的是，有男有女不能写成“他（她）们”和“你（妳）们”。但是，现在网络上却有这种用法。例如：

他（她）们都拍过三级片，但并不脏。

他（她）们感动了世界，也感动了我。

对于无感的人，你（妳）们怎么应对？

我们认为，不应该提倡这种用法。

（4）自己、大家、人家。

“自己”的释义：自身、本身。例如：自己动手，丰衣足食。自己的事情自己办。有时候它与人称代词同时出现，指代人称代词。例如：

他自己去。（自己 = 他）

我看了半天，自己也不懂。（自己 = 我）

“大家”指代所有的人。[①] 例如：大家可以下班了。有时候它与人称代词同时出现，指代人称代词。例如：你们大家要好自为之。

“人家”，指代第三方，相当于“他人”。例如：人家作业都做完了。人家的东西不能要。有时候也指代当事人自己。例如：你总是不听我的话，人家不跟你

① “大家”还可以充当名词，指非常有水平、有学问的人。

玩儿了。人家急死了，你还无动于衷。

（5）其他、其它。

“它”是物称代词，用于人之外的事物，“他”是人称代词，一般用于人，二者，确实有不同用法。受此影响，近年来，出现了“其他”与“其它”分用的情况，同人有关联的用“其他”，同事物有关联的用“其它”。例如网络例子：

电信服务的投诉量高于**其它**服务投诉。

不能把一国的风险推移至欧元区**其它**国家。

被救上岸后醉醺醺的他竟称车里还有**其他**人。

关于管理人员及**其他**从业人员兼职情况的公告

但是，目前在网络上并没有完全分开，存在二者混用的情况。例如：

为何沉香比**其他**宝石更有收藏价值?

孙红雷调侃称：别说我帅，给**其它**人留些颜面。（“其他”更好）

其实从来源看，“他”也可以指代事物。例如：

人在他乡，每逢佳节倍思亲。

各级政府决不能将扶贫经费挪作他用。

所以，有鉴于此，既然二者目前还分不清楚，那么，倒不如统一使用“其他”为好。

2. 指示代词

（1）近指与远指。

指示代词除指代人、事、物之外，还可以表达时间与空间的远近：这，近指；那，远指。例如：

快过来认识认识，这是你们的老乡。（空间）

快过来认识认识，*那是你们的老乡。

那是你们的老师，快过去敬礼。（空间）

*这是你们的老师，快过去敬礼。

那时候，我还是一个孩子。（时间）

*这时候，我还是一个孩子。

（2）其他指示代词。

每/各：全部中的个体，分指。例如：

我们班植树节那天每人都要种一棵树。

各位请保管好自己的物品，谨防丢失。

某：不定指，多半因为某种原因不便明确说出来的人和事。例如：

某部正在东海进行综合演习。(保密)

某人上课一直在玩儿手机。(尊重)

另：某范围之外的事物，旁指。例如：

一个打扫这里，另一个打扫厕所。

下面讲另一件事情。

该：指特定的人、事、物，往往前文已经提及，定指。例如：

该校师生掀起了学习传统文化的热潮。

该公司上半年出口达到12亿美元。

第四章　辅助词类

第一节　介词

一、介词的意义和种类

介词就是起引导作用的词，由于始终处在被引导词语的前面，所以又叫前置词。介词不单独充当句法成分，需要构成介词短语，介词短语再充当句法成分。图示如下：

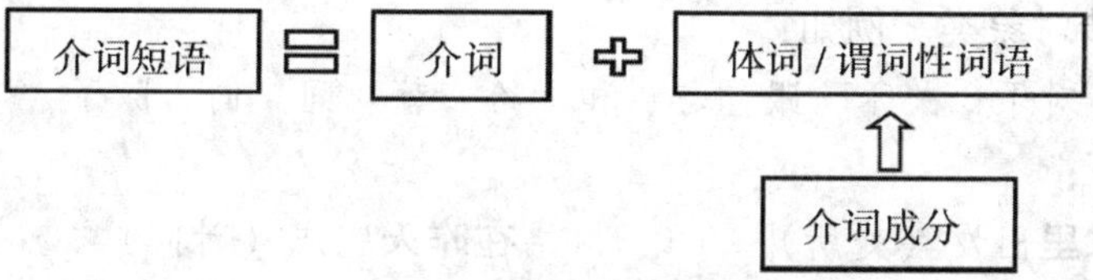

图 4－1　介词短语结构示意图

介词成分，又叫介词宾语，主要由名词性词语充当，也有少数由谓词性词语充当。例如：

在那遥远的地方有位好姑娘。（名词性词语）

根据合同你要赔偿违约金。（名词性词语）

关于调动的报告已经上交。（名词性词语）

他**把练习书法**当作锻炼身体的好方法。（动词性词语）

不能**把懒散**带到工作中来。（形容词性词语）

经过调整领导班子得以年轻化。（动词性词语）

谓词性词语带上定语后可以广泛地应用于介词短语。例如：

对这个问题的理解　　把他的打算

按照他的运作　　对他的痛苦

为了她的幸福

介词数量不多，非常有限，但它的使用频度很高，在汉语语法中占有重要地位。例如：

你［按合同］［在节前］［用汽车］［把树苗］［给客户］送过去。

介词可以从不同的角度进行分类，主要类型如下：

(1) 时间、处所、方向类。例如：

从　自　打　到　在　当　于　往　由

向　趁　沿着　顺着　随着　趁着　照着

(2) 方式、依据、工具、比较类。例如：

按照　依照　依据　靠　比　距离

经过　通过　根据　据　以　将　凭　拿　用

(3) 原因、目的类。例如：

因　因为　由于　为　为了

(4) 施事、受事类。例如：

被　给　把　叫　让　由　归　管

(5) 关涉对象类。例如：

对　对于　关于　跟　与　和　给　替　同　向　除了

说明如下：

从家里出发（处所）　　**在昨天**完成（时间）

沿着人民大道前进（方向）　　**依照宪法**执行（依据）

用锄头翻地（工具）　　**因为**你（原因）

为了她（目的）　　**被人**打了（受事）

跟他走（对象）

需要说明的是，这些介词有的分属于不同的词类。例如：

介词与动词：到　往　向　打　给　让　叫　管　归

把　为　为了　替　比

介词与名词：依据　根据　经过　距离

介词与连词：因　因为　由于　跟　与　和　同

二、介词的语法特征

1．介词不单用

介词不能单用，不单独充当句法成分，必须组成介词短语，依附于介词成分前面。例如：

他**把**她带走了。　　＊他**把**带走了。　　＊他她**把**带走了。

你要**对**她好。　　＊你要**对**好。　　＊你要她**对**好。

2．介词充当的句法成分

介词构成的介词短语主要充当状语、补语和定语。一般而言，介词短语处在谓语或谓词前面充当状语，处在谓语或谓词后面充当补语，处在主语、宾语或体词前面充当定语。当然，介词短语充当状语的时候更多一些。具体概括如下：

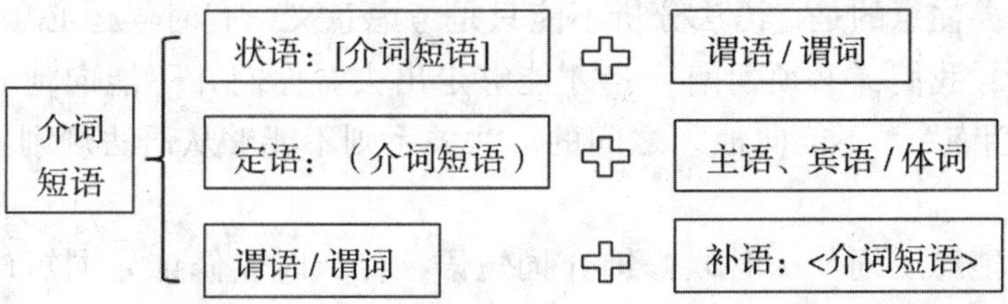

图 4－2　介词短语充当句法成分示意图

举例说明如下：

她［沿着河边］走。　　郭沫若［以古文字研究］闻名学界。

你们［趁着天黑］赶紧离开。　　大家一齐跑步<至湖边>。

他［把抽屉］锁上。　　罪犯已经逃<往宁夏银川>。

同学们要［向雷锋同志］学习。　　我们正在讨论（对球队）的处罚问题。

我们［按规矩］办事。　　（关于诗人和美女）的故事古代有很多。

下面这个句子是有争议的：

前段时间他是在石家庄。

有人认为，“在石家庄”是介词短语充当谓语“是”的宾语，我们认为，谓语应该是“在”，“石家庄”是宾语，“是”在这里是副词，相当于“确实”的意思，充当状语，并且删除后不影响句子的基本表达。句法成分分析如下：

［前段时间］他［是］在石家庄。

3．介词的其他用法

部分介词短语在对话里可以单用，单独回答问题。例如：

你［在哪里］上大学？——在太原。

你刚才［同谁］吃饭？——同小马。

他们［在哪里］发现的油田？——在克拉玛依。

［在何时］发生了意外？——在昨天上午。

［沿着哪条路］可以到长沙？——沿着325国道。

有的介词短语可以接受副词和能愿动词的修饰。例如：

我们**必须**朝南走才能够走出去。（不是必须走，而是必须朝南面走）

你们**不能**向他借钱。（不是不能借钱，而是不能向他借钱）

注意这种情况的句法成分分析：

我们［必须］［朝南］走才能够走出去。

你们［不能］［向他］借钱。

这里需要注意的是，语法分析不能只是考虑意义，有时候还必须兼顾形式。如果分析为：我们［必须朝南］走才能够走出去。你们［不能向他］借钱。那么，“必须朝南”“不能向他”之间的语法关系则不能够从语法规则上得到合理的解释。

副词和能愿动词什么时候修饰介词短语，什么时候修饰介词短语后面的谓语，这需要仔细分辨。例如：

你**可以**沿着河边跑步。（可以跑步，修饰跑步）

你**可以**向窗外看。（可以向窗外，修饰介词短语）

4．介词重叠现象

部分介词短语中的介词还可以重叠，单音节介词形成“A不A”格式，双音节介词形成“A不A+B”格式，只是这些格式大多处于疑问句中。例如：

向不向父母要钱？　　对不对他说这件事儿？

在不在家里吃晚饭？　　往不往东走？

给不给他说？　　依不依据年龄分组？

按不按照规矩行事？　　当不当着她的面讲她父亲的事情？

这种现象说明，部分介词还没有完全摆脱动词的特点。从根源上看，这是因为介词来源于动词。介词重叠格式句法成分分析如下：

［向不向父母］要钱？　　［对不对他］说这件事儿？

［在不在家里］吃晚饭？　　［往不往东］走？

[给不给他] 说？　　　　[依不依据年龄] 分组？

[按不按照规矩] 行事？　　[当不当着她的面] 讲她父亲的事情？

三、介词与其他词类的区分

1. 介词与动词的区分

汉语中的介词绝大多数是动词虚化而来的，有的已经完全成为介词，有的可能还处在转化过程中，有的既属于介词，又属于动词，因此，我们要注意分辨它们。总体来看，介词与动词是有本质不同的：介词不能单独作谓语中心，动词可以；介词不能带时态助词，动词可以。另外，大部分动词有明显的动作行为含义，而且可以带宾语、带补语，这些也可以作为判断动词与介词的参考标准。

例如“经过”：

火车要经过桂林才能到达柳州。（动词）

火车要经过了桂林才能到达柳州。（动词）

[经过同学] 老师了解到我家的特殊情况。（介词）

*经过了同学老师了解到我家的特殊情况。

其他比较如下（前为介词，后为动词）：

女儿 [**把**功课] 做完了。	你**把**门，别让人进来。
他 [**比**你] 难看。	我们**比**篮球，看谁打得好。
我们 [**到**湖边] 散步。	新年**到**了，孩子们高兴极了。
我 [**替**你] 去看电影。	我**替**你，你可以回去了。
他 [**叫**人] 打了。	你去**叫**他。
他 [**让**人] 骂了。	**让**着他，他是你弟弟。
别老 [**拿**我] 开玩笑。	别**拿**我的东西。
大家 [**管**他] 叫胖子。	大家**管**他的生活。
敌人 [**向**我们] 投降。	爸爸总是**向**着妹妹。
你亲自 [**给**他] 说。	你**给**他糖。
[**通过**邮件] 联系。	邮件**通过**了病毒审查。
学校 [**离**我家] 很近。	那对小夫妻已经**离**了一年了。
[**朝**暴徒] 连开三枪。	新房**朝**北面，不热。

有的介词在句中时还可以用同义或近义介词替换，这也可以帮助我们判断目标词是否为介词。例如上述部分例子：

女儿［**把**功课］做完了。→女儿［**将**功课］做完了。

他［**叫**人］打了。→他［**被**人］打了。

他［**让**人］骂了。→他［**被**人］骂了。

别老［**拿**我］开玩笑。→别老［**用**我］开玩笑。

敌人［**向**我们］投降。→敌人［**朝**我们］投降。

你亲自［**给**他］说。→你亲自［**对**他］说。

［**朝**暴徒］连开三枪。→［**向**暴徒］连开三枪。

2．介词与名词的区分

有极少的介词也是名词，例如：根据、依据、经过、距离。当这些词是名词的时候，它们具备名词的语法特征，可以充当主语、宾语，还可以带上定语。当它们是介词的时候，它们与后面的词语构成介词短语，介词短语主要充当定语、状语和补语。例如：

（你）的**根据**是什么？（主语，带定语，名词）

［**根据**学校的规定］你必须接受处罚。（介词）

这就是（我们处理事故）的**依据**。（宾语，带定语，名词）

［**依据**治安条例］拘押你。（介词）

请讲讲（这件事）的**经过**。（宾语，带定语，名词）

经过就是这样。（主语，名词）

［**经过**张老师］找到我。（介词）

（贵阳到重庆）的**距离**有500公里。（主语，带定语，名词）

他已经徒步走了（很远）的**距离**了。（宾语，带定语，名词）

路程［**距离**家］还有30公里。（介词）

“根据、依据、经过、距离”构成的介词短语一般都充当状语，不充当补语。

3．介词“在”

（1）介词、动词与副词“在”。

“在”可以是介词、动词与副词。例如：

他在图书馆学习。（介词）　　他在图书馆。（动词）

他在学习。（副词）

有人认为，“他在图书馆学习”是连动句，“在”是动词，表示存在，而“他在书架上找资料”中“在”才是介词，引导出处所。我们觉得，如果这样区分，那么“在”充当介词的机会就会很少。显然，根据意义来区分不如按照形式区分好。

如何判断？概括如下：

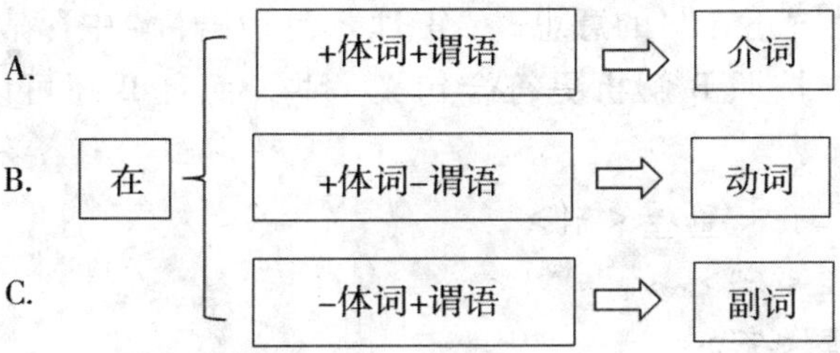

图 4－3　“在”词性判断示意图

A 有体词充当介词成分，后面又有谓语；B 无其他谓语，自身充当谓语；C 无体词，直接处在谓语前，相当于副词“正在”。

（2）在……上/下、在……中。

“在……上/下”中间位置必须是名词性词语，如果是谓词性词语，则必须带上定语，转化为名词性词语。例如：

在国旗下　在桌子下　在甲板下　在榕树下

在舞台上　在讲台上　在沙发上　在操场上

在与大家的沟通上　　　在同学们的帮助下

但是，近年来确实有动词性词语出现在“在……上”中间位置。例如：

你在学习上要更加努力。　　　你在工作上要投入更多的精力。

你在理解上还比较片面。　　　我们在沟通上还有一些障碍。

这说明语法现象也像词汇与语音一样在随着社会的变化而变化。

“在……中”中间位置一般是动词性词语，有时候动词带上定语。例如：

在讨论中　在学习中　在计算中

在几天的讨论中　在语文的学习中　在关键数据的计算中

值得一说的是，这类情况的句法成分分析，有的很好处理。例如：

他们［在审理中］发现一些关键证据存在问题。

［在铁路的设计中］技术员遇到了一些棘手的问题。

有的就不好处理。例如：

此案在审理中。

显然，这是一个句子，这里的“在……中”不是介词短语了，否则这个句子不成立。那么，如何分析其句法成分呢？至少有两种处理意见：

A. 此案在审理中。

B. 此案［在］审理 < 中 >。

A 中“在”是动词，是“处于”的意思，后面是方位短语充当宾语。B 中“在”是副词，是“正在”的意思，“审理”是谓语，“中”表示一种状态，是补语。我们觉得，按照 B 解析更符合句义一些，而且 B 还可以进行一些变化。例如：

此案［正在］审理 < 中 >。

此案审理 < 中 >。

此案审理 < 完 >。

由此足以说明，“在”是副词充当状语，“审理”是动词充当谓语。

4. 介词向、给、到、在①

“向、给、到、在”可以充当动词与介词，二者比较容易区分。但是，当它们处在“动词 + X（向、给、到、在）+ 名词性词语”结构中的时候，X 的词性就存在问题。例如：

走向胜利　献给人民　走到北京　躺在床上

如果当作介词，句法成分很好分析：

走 < 向胜利 >　献 < 给人民 >　走 < 到北京 >　躺 < 在床上 >

但是，我们发现，在 X 后面可以插入时态助词“了”：

走向了胜利　献给了人民　走到了北京　躺在了床上

X 处理为介词就无法解释这种情况，因为介词短语内部的介词与介词成分之间，从语法角度是不能插入时态助词“了”的。② 只有把 X 处理为动词才能合理地解释这种现象。如果看成动词，那么，这些动词的句法成分是什么呢？动词可以充当补语，但是处理为补语，在意义上有的不好理解。例如：

走 < 向 > 胜利　献 < 给 > 人民　走 < 到 > 北京　躺 < 在 > 床上

走 < 向 > 了胜利　献 < 给 > 了人民　走 < 到 > 了北京　躺 < 在 > 了床上

似乎只有“到”充当补语可以理解和接受，但是，下列“到”就不好理解了。例如：

吃 < 到 > 了晚上 12 点。　睡 < 到 > 了第二天上午 10 点。

于是，有人将 X 与其前面的动词合为一个词，视为动词充当谓语。当然，这样也可以解释插入“了”的问题，因为动词后面插入时态助词是合乎语法规则

---

① “往”也有这个问题，只是不太普遍。例如：前往成都、前往了成都。

② 例如：“来自五大洲、忠于人民”中“自、于”是介词，它们就不能插入时态助词“了”，例如：＊来自了五大洲、＊忠于了人民。

的。例如：

走向胜利　　**献给**人民　　**走到**北京　　**躺在**床上

走向了胜利　　**献给**了人民　　**走到**了北京　　**躺在**了床上

但是，这种处理也存在问题，一是意义上有的也不好理解，比如将“躺在”处理为一个词，语感上令人难以理解和接受；二是 X 前面的动词还有双音节的情况，处理为一个词就根本无法理解了。例如：

他把自己的一生**奉献给**了人民。

他**跑步到**了北京。

他**跌落在**了床上。

显然，把“奉献给、跑步到、跌落在”处理为一个词是不能接受的。所以，目前对这种现象还没有哪种方法能够提供一个满意的解释，其个中缘由有待进一步研究讨论。以简单实用的原则来看，合为一个动词进行句法分析更简单容易。

最后需要说明的是，在插入时态助词“了”的情况下，X 的词性是绝对不能视为介词的。

第二节　连词

一、连词的意义和种类

连词就是充当连接作用的词。汉语连词数量很少，一方面实际运用不多，不需要太多的连词，另一方面能够充当连接作用的词，除了连词之外，还有副词。连词同具有关联作用的副词是有区别的，连词的功能只有连接作用，副词除了连接作用之外，还有修饰作用。图示如下：

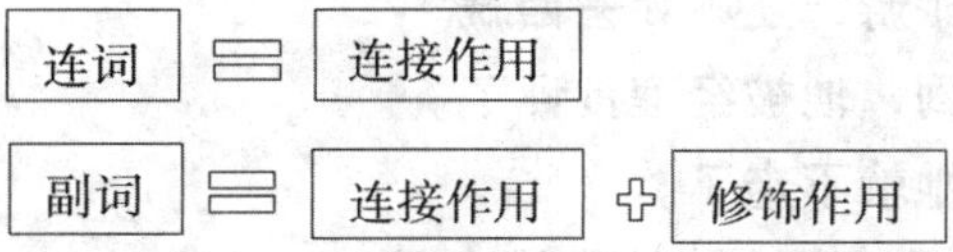

图 4－4　连词与副词语法作用示意图

例如：

他写得好而快。（仅仅连接）

他写得又好又快。（连接+修饰，强调几种情况同时存在）

连词与副词除了功能上的差异之外，在结构关系上也有差别。例如：

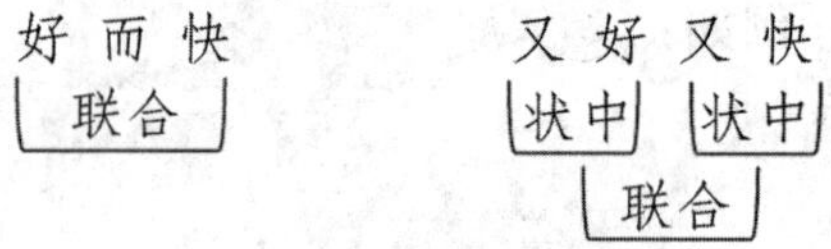

连词可以从不同的角度进行分类。

1. 词语连词与句子连词

连词可以从它连接的语言单位进行分类，分为词语连词和句子连词。词语连词就是连接词和短语的连词，句子连词就是连接句子的连词。

（1）词语连词。

和　跟　同　与　或　或者

例如：

桥梁和**隧道**的设计很关键。（词）

你跟**他**明天去一趟重庆。（词）

他的理想与**你的理想**是一样的。（短语）

今天你**看电影**或者**逛商店**都可以。（短语）

（2）句子连词。

不但　不仅　虽然　但是　然而　如果　与其　因为　所以　不如　只要

例如：

虽然**他很努力，**但是**成绩还是不是很好。**

如果**你能保证及时交货，我们就可以签订合同。**

与其**去新疆旅游，还**不如**去西藏。**

因为**上班迟到，他被经理批评了。**

只要**你来，她就不走了。**

（3）既可连接词语又可连接句子的连词。

而　而且　并　并且　或者

例如：

她过得**幸福**而**快乐**。（词）

她**相当努力**并且**非常刻苦**。(短语)

她没有停止脚步，而且**越走越快**。(句子)

2. 单用连词与合用连词

单用连词就是独立使用的连词。例如：

或者　或　而且　并且　何况　况且　因为

由于　因此　但是　可是　然而　只是　不过

合用连词就是成对使用的连词。例如：

虽然……但是　因为……所以　之所以……是因为

既然……那么　不但……而且　或者……或者

复句中的关联词与连词有区别，连词是关联词中的一种，关联词包括副词等，因此，关联词的合用与连词的合用也就不同。连词的合用属于关联词的合用，但是有的关联词合用就不是连词合用，最常见的是连词与副词的合用。例如：

如果……就　只要……就　不管……都　即使……也

连词可以连接多种关系，比如并列、假设、因果、递进、转折、条件、选择等，但是，连接词或短语的连词一般连接的是并列、递进和选择关系，其他关系一般是在复句中。例如上述例子中：

桥梁和**隧道**的设计很关键。(并列关系)

他的理想与**你的理想**是一样的。(并列关系)

今天你**看电影**或者**逛商店**都可以。(选择关系)

她**相当努力**并且**非常刻苦**。(递进关系)

虽然**他很努力**，但是**成绩还是不是很好**。(转折关系)

如果**你能保证及时交货**，**我们就可以签订合同**。(假设关系)

与其**去新疆旅游**，还不如**去西藏**。(选择关系)

因为**上班迟到**，**他被经理批评了**。(因果关系)

只要**你来**，**她就不走了**。(条件关系)

由连词构成的句子，其句法成分的处理要根据不同的情况而定。例如连接词或者短语：

(**桥梁**和**隧道**) 的<u>设计</u> [很] <u>关键</u>。

<u>**他的理想**与**你的理想**</u><u>是</u>一样的。

<u>她</u><u>**相当努力**并且**非常刻苦**</u>。

如果是连接句子的连词，则不计入句法成分。例如：

虽然他［很］努力，但是成绩［还是］［不］是很好。

如果你［能］保证及时交货，我们［就］［可以］签订合同。

与其去新疆旅游，［还］不如去西藏。

因为上班迟到，他［被经理］批评了。

只要你来，她［就］［不］走了。

二、连词的语法特征

1. 连词不单用

连词不能单用，不单独充当句法成分，处于连接成分中间，必须组成联合短语充当句法成分。例如：

你和他明天去杭州。（“和”不单独充当成分，联合短语充当主语）

但是，在问句中可以这样回答。例如：

你和谁明天去杭州？——和小张。

2. 连词与联合短语

部分句子连词不构成联合短语，它是连接句子的。词语连词和部分句子连词可以构成联合短语，构成的联合短语可以充当主语、宾语、谓语、定语、状语、补语等多种句法成分。连词可以组成多种性质的联合短语。例如：

名词性短语：工人和农民　我和你　这个和那个

形容词性短语：幸福而快乐　热烈而镇定　积极而热情

动词性短语：坚决打击和彻底摧毁　理解并包容

不同性质的联合短语可以充当不同的句法成分。例如：

小车司机和货车司机发生了冲突。

勇敢和坚强是他最突出的性格特点。

打击暴徒和消灭暴徒是当前的一项重要工作。

他热爱家乡和家乡的父老乡亲。

享受幸福和快乐。

老师最喜欢（成绩好和表现好）的学生。

夏天，（重庆和武汉）的天气非常炎热。

对他进行（严肃而深刻）的批评。

老人［安逸而平静］地坐在那里。

他［热情而洋溢］地发表了讲话。

他的课讲得<精彩而完美>。

现在生活好了，要吃得<健康和环保>。

他理解得<非常准确和相当深刻>。

他的射击非常迅速而准确。

老公要理解和包容老婆。

3. 连词重叠现象

部分联合短语中的连词还可以重叠，形成“A 不 A”格式，只是这类格式大多处于疑问句中，而且这类连词主要是并列关系的连词，比如“和、与、跟、同”。例如：

小马和不和小刘一同去出差？

今年你跟不跟她结婚？

你同不同她一起生活？①

其句法成分分析如下：

小马和不和小刘一同去出差？

今年你跟不跟她结婚？

你同不同她一起生活？

4. 复句中连词的位置

在复句里，句子连词的位置比较灵活。一般而言，两个分句主语相同，第一分句连词在主语后面；主语不同，第一分句连词在主语前面，不管主语是否相同，第二分句连词都在主语前面。例如：

因为认真准备考试，**所以**他考上了重点大学。（主语相同）

因为你缺勤，**所以**我们班没有被评上先进班。（主语不同）

但是，这种规则的约束效力越来越低，目前连词的位置很自由，可以处于主语前面，也可以处于主语后面。例如：

如果你愿意，明天就可以来报到。（主语相同）

你**如果**愿意，明天就可以来报到。（主语相同）

如果你来，她就走。（主语不同）

你**如果**来，她就走。（主语不同）

① 这三句中的“和、跟、同”是连词，参见连词与介词的区分部分。

三、连词与介词的区分

1. 和、与、跟、同

“和、与、跟、同”既是连词，又是介词。作为连词的时候，它们主要连接体词，当然，也可以连接谓词，都表示并列关系。例如：

名词：广州和深圳　战争与和平　语文和数学

形容词：红与黑　成功和失败　积极和消极

动词：提高和普及　爱与恨　讽刺与嘲笑

从词语的色彩来看，“跟、同”口语色彩多一些，其中“跟”更偏向北方口语，“同”更趋于南方口语。“和、与”书面语色彩较强一些，其中“与”更加庄重正式，“和”略显随意一些，更多用于非正式的场合。例如：

中国与美国建立了外交关系。（正式）

中国和美国建立了外交关系。（非正式）

中国同美国建立了外交关系。（口语）

中国跟美国建立了外交关系。（口语）

“和、与、跟、同”也可以用作介词，那么，介词与连词如何区别呢？这是一个不太容易解决的老问题。“和、与、跟、同”用作连词与介词的区别方法主要有两种，下面以“和”为例说明如下：

（1）替换法。

①等价替换。就是用等价词语替换，表示为：X 和 Y = 等价词语。能够替换的是连词，不能替换的是介词。例如：

张三和李四喜欢看电影。（两个都参与，连词）

他们两个喜欢看电影。（两个都参与）

张三和李四借钱。（张三向李四借钱，介词）

* **他们两个**借钱。（* 两个都借钱）

②位置替换。将连接的两个成分互换位置，表示为：X 和 Y = Y 和 X。能够互换位置且意义不变的是连词，能够位置互换，但意义改变的是介词。例如：

张三和李四喜欢看电影。（连词）

李四和张三喜欢看电影。（位置互换且意义不变）

张三和李四借钱。（介词）

* **李四和张三**借钱。（位置互换且意义改变）

③分述替换。将连接的两个成分拆开分别进行表述，表示为：X、Y + 后续部分 = {X + 后续部分} + {Y + 后续部分}。能够进行拆分表述且意义不变的是连词，能够拆分表述，但意义改变的是介词。例如：

张三和李四喜欢看电影。(连词)

张三喜欢看电影。

李四喜欢看电影。(拆分表述且意义不变)

张三和李四借钱。(介词)

张三借钱。

* **李四**借钱。(拆分表述且意义改变)

(2) 插入法。

就是在前一个连接成分后面插入状语，表示为：{X + [状语] + 和 Y} + 后续部分。能够插入的是介词，不能插入的是连词。图示如下：

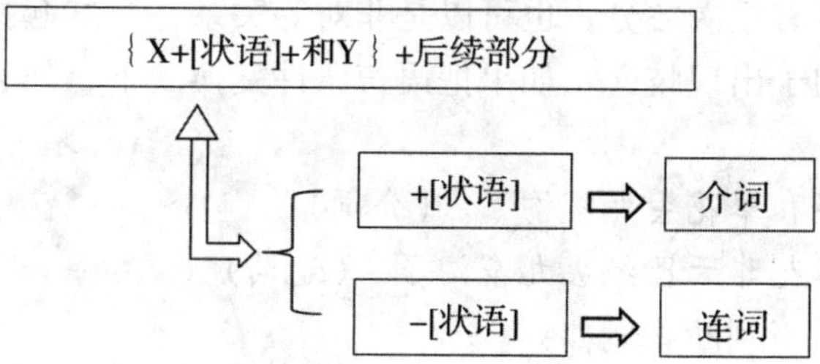

图 4 – 5　插入法示意图

理论上看，如果“和”是介词，那么，“X”是主语，“和 Y”是介词短语充当状语，根据语法规则，自然可以在“X”与“和 Y”之间再插入其他的状语；如果“和”是连词，那么，“X 和 Y”是联合短语充当主语，根据语法规则，不可以将联合短语拆开，在“X”与“和 Y”之间再插入其他的状语，这就是这种方法的理论依据。插入的状语一般是时间性状语，包括时间名词和时间副词构成的状语。能够插入状语的是介词，不能够插入状语的是连词。例如：

张三和李四喜欢看电影。(连词)　　* **张三**过去**和李四**喜欢看电影。

张三和李四借钱。(介词)　　**张三**曾经**和李四**借钱。

但是，插入法也存在问题，一些表示关系的“和”明显是连词，但也可以插入状语。例如：

张三和李四是夫妻。(“夫妻”是关系名词，连词)

张三曾经**和李四**是夫妻。(介词)

可见，替换法与插入法还不能从根本上解决“和”等的介词与连词的区分问题，还必须从关系上进行判断，“X 和 Y”是对等关系则是连词，否则是介词。“张三和李四喜欢看电影”中张三和李四都喜欢，喜欢程度没有差异，是对等关系，“和”是连词。“张三和李四借钱”中张三是借钱方，是主要方，李四只是参与借钱过程，是次要方，属于不对等关系，“和”是介词。当既是对等关系，又是非对等关系的时候，则产生歧义。例如：

黑娃和翠花去九寨沟了。

他们俩去九寨沟了。(等价替换)

翠花和黑娃去九寨沟了。(位置替换)

黑娃去九寨沟了。+翠花去九寨沟了。(分述替换)

黑娃昨天和翠花去九寨沟了。(插入法)

为什么会出现这种情况？在这句话里，黑娃和翠花的关系可以是对等关系，双方共同协商，没有主次之分，也可以是非对等关系，黑娃起主要作用，翠花是参与者。所以，句子出现歧义。如果把语言条件变换一下，那么，歧义也就消除了。例如：

黑娃已经和翠花去九寨沟了。(介词)

黑娃和翠花昨天已经去九寨沟了。(连词)

也可以根据语境判断。例如：

黑娃找到翠花，说要带她去九寨沟玩儿，结果第二天，黑娃和翠花去九寨沟了。(黑娃是主动者，介词)

这里需要强调的是，如果在“和”的前面有其他成分，则“和”一定是介词。注意分辨下述例句：

张老师和宋老师相好了。(连词)

《红楼梦》和《水浒传》都是古典名著。(连词)

我几天前曾经和他谈了这件事。(介词)

他旷课了，老师和他进行了严肃的谈话。(介词)

祥子和车主吵了起来。(连词+介词)

小黄和小周讨厌小肖。(连词)

他曾经和小王关系很好。(介词)

她走过来和他交谈。(介词)

为了准确地表达意思，避免歧义，我国一些重要的文本约定：“和、与、跟、同”分类使用，“和、与”用作连词，“跟、同”用作介词。例如：

我国根据平等、互利、互相尊重主权**和**领土完整的原则**同**其他国家建立**和**发展外交关系。

这样分类使用以后，下面这些例句就容易理解了：

小王同小张和小李吵了一架。

小李和小张同小王吵了一架。

请你同张老师与汪老师协商解决。

2. 因为、因、由于、为了、为

这几个词既可以充当连词，又可以充当介词，其中“为了、为”还可以用作动词。“为了、为（wèi）”在《现代汉语词典》中词性均注解为介词，我们认为，它们还可以用作动词与连词。例如：我所做的一切都为了（为）孩子。“为了（为）”是谓语，应该是动词。“为了、为”充当连词的时候与“因为、由于”具有相同的特点，也应该可以用作连词。

如果它们后面紧跟的是谓词性词语，就是连词；如果它们后面紧跟的是体词性词语，就是介词。图示如下：

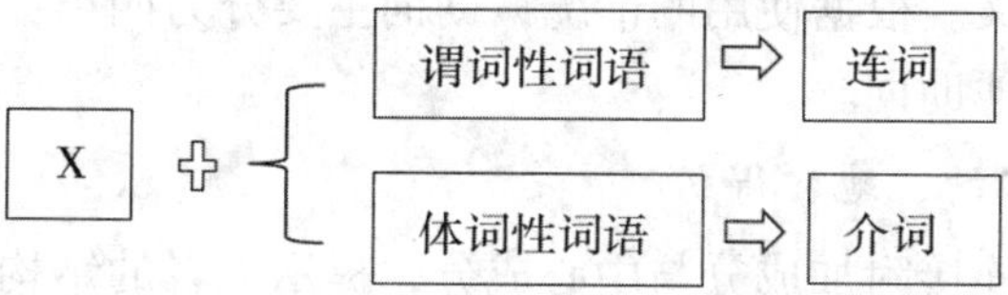

图 4－6　“因为”等连词与介词区别示意图

例如：

因为经常不吃早饭，他得了胃病。（连词）

因为伤心难过，她没心思上班。（连词）

因为那天的事情，她辞职了。（介词）

因为这个，她对你很失望。（介词）

为了让孩子过得好一点儿，她加班加点地工作。（连词）

为了你的事情，他跑上跑下，忙活了几天。（介词）

为了生活，我们必须去找工作。（连词）

充当连词的时候整个句子是复句，充当介词的时候整个句子是单句。句法成分分析如下：

因为［经常］［不］吃早饭，他得了胃病。（复句，连词）

因为伤心难过，她没心思上班。（复句，连词）

［**因为**那天的事情］，她辞职了。（单句，介词）

［**因为**这个］，她［对你］［很］失望。（单句，介词）

为了让孩子过得 < 好一点儿 >，她［加班加点］地工作。（复句，连词）

［**为了**你的事情］，他跑上跑下，忙活了 < 几天 >。（单句，介词）

为了生活，我们［必须］去找工作。（复句，连词）

第三节　助词

一、助词的意义和种类

助词就是依附在词语等语言单位上表示附加语法意义的词，可以表示结构关系、时态等语法意义。根据使用的情况，助词主要分为四类：结构助词、时态助词、比喻助词和其他助词。

1. 结构助词“的、地、得”

结构助词用于连接附加成分与中心成分，提示二者的结构关系。结构助词语音读轻声“de”，文字表达分为“的、地、得”三个，分别表示不同的结构关系：“的”是定中关系①，“地”是状中关系，“得”是中补关系。例如：

的：（远大）的理想　（教室里）的灯光　（开往广州）的列车

地：［再三］地请求　［科学］地考察　［像燕子一样］地飞翔

得：红得 < 发紫 >　画得 < 十分传神 >　搞得 < 声势浩大 >

① 定中关系还可以采用古汉语的助词“之”表达。例如：长寿之乡、职工之家。

图示如下：

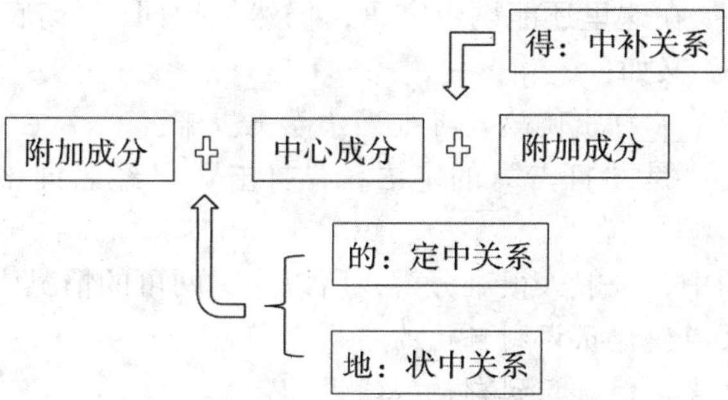

图 4－7　结构助词示意图

在书写的时候，如何分辨“的、地、得”？一般情况而言，一是看位置，处于中心成分的前面还是后面。二是看中心成分的性质是谓词性还是体词性。处于中心成分前面且中心成分为体词性词语，用“的”；处于中心成分前面且中心成分为谓词性词语，用“地”；处于中心成分后面且中心成分为谓词性，用“得”。图示如下：

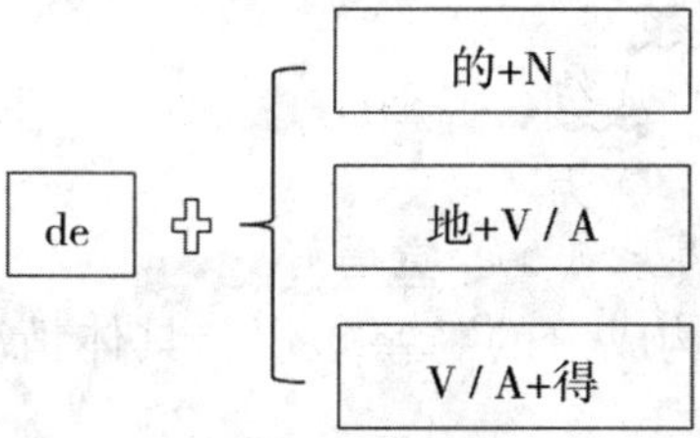

图 4－8　“的、地、得”区别示意图

例如：

（丰盛）的晚餐（前面，名词）　　（济南）的冬天（前面，名词）
[艰难] 地爬行（前面，动词）　　[慢慢] 地红了（前面，形容词）
生活得 <幸福>（后面，动词）　　高兴得 <大叫>（后面，形容词）

形式动词带动词性宾语，若该宾语前面携带附加成分，则附加成分视为定语，用“的”。例如：

进行讨论　进行热烈的讨论
加以研究　加以认真的研究

当动词充当主语的时候，它若还具备动词的特点，则用“地”。例如：

彻底____消灭是非常必要的。→彻底消灭**暴徒**是非常必要的。

可见，“消灭”在这里还能携带宾语，仍然是动词，“彻底”与“消灭”之间应该填写“地”。又如：

那次有力____打击使敌人再也无法卷土重来。

显然，“那次”是“打击”的定语，“打击”已经名词化了，“有力”与“打击”之间只能填写“的”。

但在实际运用中，一般人很难分辨，所以这时两可的情况比较多。例如：

深刻**的**反省使他认识到自己的错误。

深刻**地**反省使他认识到自己的错误。①

结构助词“得”是补语的标记，提示其后面是补语。但是，“得”还可能是语素，构成合成词，比如记得、认得、值得、觉得、显得、免得、舍得、使得、懂得、落得、见得、获得、博得、赢得等。因此，不能把这些词中的“得”视为补语的标记，这些词一般携带的是宾语。例如：

我**记得**她那时候还是一个孩子。

他**舍得**孩子吗？

你的行为**值得**表扬。

他居然**认得**（这个）字。

我们最终**赢得**了胜利。

他**获得**了（优异）成绩。

试比较：

睡得<好>　**吃**得<好>　**觉得**好

结构助词“的”可以构成“的”字短语，具体情况我们将在语法特征部分阐述。

目前，三个结构助词写法上比较混乱，还有待规范。下面是网络上的一些例子：

妹子们穿的好清凉。(应该是“得”)

慢慢的看才更有感觉。(应该是“地”)

2. 时态助词“着、了、过”

时态助词就是显示动作与性状变化状态的助词，有的称为动态助词。时态助词表示进行体、完成体、经历体等，每种体又分为现在时、过去时和将来时等，比如进行体，就可以形成现在进行体、过去进行体和将来进行体等。

① 按照我们的分析，应该写作“深刻地反省”。

（1）时态助词：着。

时态助词“着”属于进行体，它有不同的“时”。例如：

球队昨天这个时候还进行着比赛。（过去时）

球队现在这个时候还进行着比赛。（现在时）

球队明天这个时候还进行着比赛。（将来时）

“着”可以表示动作行为在进行，也可以表示状态在持续。例如：

他在操场上一直走着。（表示动作在进行，现在时）

回家的大门一直为你开着。（表示状态在持续，过去时）

究竟是表示动作行为在进行，还是表示状态在持续，主要取决于动词的特性。例如：

躺：＊他正在躺　　　他正躺着（过去时）

跑：他正在跑　　　他正跑着（现在时）

“躺”是非持续动词，无法表达动作行为正在进行，只能表示过去状态在持续。“跑”是持续动词，可表达动作行为现在正在进行，而不能表示过去状态在持续。

部分形容词也可以带上时态助词“着”，主要表示性状过去状态的持续。例如：

家里的灯一直亮着，不知道是否有人在家？

山上的花一直红着，红了好几个月了。

如果某个词既能表达动作行为在进行，又能表示状态在持续，这时候在语境条件不够充分的情况下，就会出现歧义。例如：

山上架着大炮。（动作现在正在进行＋过去状态在持续）

桌上摆着鲜花。（动作现在正在进行＋过去状态在持续）

两句第一个意思是，大炮正在架设，还没架设好；正在摆放鲜花，还没有摆放好。第二个意思是，大炮已经架设好，做好了战斗准备；鲜花已经摆放好，做好了迎接客人的准备。

（2）时态助词：了。

时态助词“了”属于完成体，表示动作行为和性状的实现，它有过去时、将来时和现在时。例如：

他昨天吃了饭了。（过去时）　　他今天吃了饭了。（现在时）

他明天吃了饭就去武汉。（将来时）

时态助词“了”既表示动作行为的实现，也表示性状的实现。例如：

头发白了不少。（性状的实现）　　他胖了十斤了。（性状的实现）

他老了很多了。（性状的实现）　　他死了很久了。（行为的实现）

他伤了一周了。(行为的实现)

“着”与“了”有区别。“着”侧重时段，表示动作行为和性状的变化过程，其后不能紧接结果补语、时量补语等。“了”侧重时点，表示动作行为和性状的实现，其后可以连接结果补语、时量补语等。例如：

吃了三天　　吃完了三天　　吃了三次

*吃着三天　*吃完着三天　*吃着三次

(3) 时态助词：过。

时态助词“过”属于经历体，表示曾经发生的动作行为和具有的性状，主要有过去时。例如：

我去过敦煌。(现在不在那里，已经结束的行为)

我刷过牙了。(已经结束的行为)

她胖过几年。(现在不胖了，性状已经结束)

花红过一阵子。(现在不红了，性状已经结束)

时态助词比较表

助词	体	时	完成	延续
着	进行体	过去时、现在时、将来时	-	+
了	完成体	过去时、现在时、将来时	+	+
过	经历体	过去时	+	-

3. 比喻助词“似的、一样、一般”

比喻助词就是用在喻体后面表示比喻的助词。[①] 比喻助词主要有“似的、一样、一般”。比喻分为明喻、暗喻和借喻，比喻助词只是出现在明喻当中，它们实际上是明喻的喻词。“一般”中的“一”可以省略。例如：

她花一样漂亮。

她的眼睛水晶一般明亮。→她的眼睛水晶般明亮。

她计算机似的打着小算盘。

比喻助词常常与“像、如、似、仿佛、犹如”等组合，形成“像……一样”之类结构。例如上述例子：

她花一样漂亮。→她像花一样漂亮。

---

① 一般称为“比况助词”，这些助词主要用在比喻上，称为比喻助词更容易理解和接受。

她的眼睛水晶一般明亮。→她的眼睛像水晶一般明亮。

她计算机似的打着小算盘。→她像计算机似的打着小算盘。

当比喻助词与“像”组合之后，它的前接成分可以由更加复杂的名词性短语构成。例如：

他像天上划过的流星一样瞬间淡出了人们的视线。

他像逆水行进的独木舟一般既孤独又艰难。

比喻助词除了前接名词性词语之外，还可以前接谓词性词语。例如：

我们要像老黄牛耕地一样踏踏实实地工作。

工作效率像蚂蚁搬家一样慢。

比喻助词可同它的前接成分构成比喻短语。

4．其他助词

（1）看、的、来着。

“看”表示尝试。例如：

试试看　说说看　尝尝看　听听看　研究研究看

先喝一点儿看　先工作几天看

“的”插入动宾短语中间，表示过去发生的事情，有强调的作用，主要强调“的”字后面部分。例如：

他前年去的深圳，现在已经两年了。

今天中午吃的鱿鱼，不知道晚上又吃什么。

他昨天穿的衬衣，被冻坏了。

警察同志，是他骗的我。

这类句子的句法成分分析如下：

他［前年］去的深圳，现在已经两年了。

我们［今天中午］吃的鱿鱼，不知道晚上又吃什么。

他［昨天］穿的衬衣，被冻坏了。

警察同志，是他骗的我。

此类句子中的“的”字可以删除，当然删除之后句子的基本意思没有改变，只是没有强调的意思了。去掉“的”后，一般要加助词“了”。例如：

他前年去的深圳。→他前年去深圳了。/他前年去了深圳。

今天中午吃的鱿鱼。→今天中午吃鱿鱼了。/今天中午吃了鱿鱼。

“来着”有时候省略为“来”，也表示过去发生的事情，只是时间刚刚过去不久，也有强调作用，主要强调动作行为本身，且多用于疑问句。例如：

你这几天干什么来着？——没干什么。

刚才在干什么？——吃饭来着。

上午哪里也没有去，看书来着。

(2) 给、被。

“给、被”紧紧连接在动词前面，表示被动语态。例如：

他给打了。　　　他被打了。

“给、被”可以充当介词，充当助词的时候实际上是省略了介词成分。如上述例子：

他给坏人打了。→他给打了。　　　他被坏人打了。→他被打了。

保留介词成分的时候是介词，省掉介词成分的时候是助词。“给”还可以充当另一种助词，没有被动的意思，只是起强调作用。例如：花瓶叫弟弟给打坏了。注意分辨下列“给”的词性：

花瓶给打坏了。(助词，被)　　　花瓶给弟弟打烂了。(介词，被)

给她买首饰。(介词，为)　　　花瓶给他。(动词)

给他说情。(介词，替)　　　给他招手。(介词，向)

给他糖吃。(动词)　　　书被他给拿走了。(助词)

(3) 连、的话、所。

“连”用在名词性、动词性、形容词性词语前面表示强调，常常同“也、都”搭配使用，含有责备、比较的意思。例如：

你连一个小学生都赶不上。(名词性，应该赶上)

你连火车来了都听不到。(动词性，应该听到)

你连钱包坏了也没看出来。(形容词性，应该看到)

在语境不够充分的情况下，“连”会产生歧义。例如：

他连校长都不认识。→校长不认识他。

→他不认识校长。

这主要是由于“连”前后两个成分既可以充当施事，也可以充当受事造成的。改变其中一个施受关系，就不会有歧义了。例如：

他连韭菜都不认识。　　　韭菜连校长都不认识。

“的话”表示假设关系，可以单用，也可以与假设关联词配合使用。例如：

我去北京的话，就打电话告诉你。→我如果去北京的话，就打电话告诉你。

苹果熟了的话，我就叫你来买。→如果苹果熟了的话，我就叫你来买。

“所”主要构成“所”字短语。例如：

所见　所闻　所知道　所了解　所看到

助词总量不多，数量有限，除了上述常见助词外，还有其他一些助词，如表示序数的“第、初”，表示概数的“上下、左右、来、多、开外”，另外还有“等”。例如：

名次第一　大年初一　三十岁上下　五十人左右

十来个　二十多个　四十岁开外

买了苹果、香蕉、西瓜等水果

二、助词的语法特征

1. 助词不单用

助词不能单用，也不接受副词的修饰，但构成的部分助词短语可以单独用来回答问题。例如：

这是谁的东西？——我的。（“的”字短语）

这个像什么一样可爱？——像小狗一样。（比喻短语）

你能保证他说的是真实的吗？——亲眼所见。（“所”字短语）

2. 助词短语

助词主要是用于构成助词短语，再由助词短语充当一些句法成分。我们这里主要说明“的”字短语、比喻短语和“所”字短语的语法特点。

(1)“的”字短语。

“的”字短语是由结构助词“的”构成的部分定中短语省掉中心部分形成的短语。例如：小马的书包→小马的。图示如下：

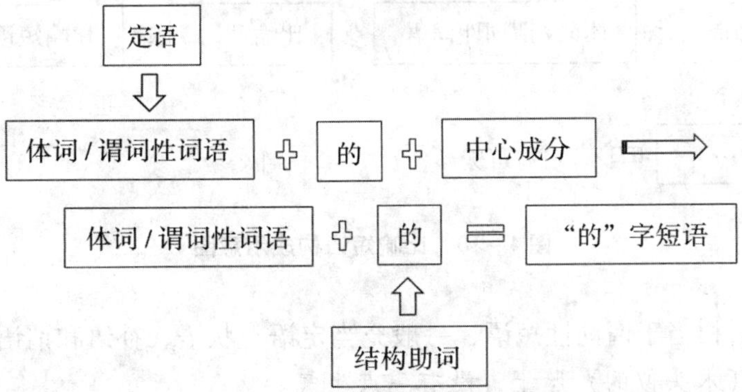

图 4－9　“的”字短语构成示意图

例如：

木头的桌子　参观的人群　漂亮的布娃娃

喜欢木头的　有很多参观的　我要漂亮的

中国制造的设备　参加考试的同学　黄色的旅行包

购买中国制造的　都是参加考试的　我挑选黄色的

但是，不是所有的定中短语都可以形成“的”字短语，只有具有指称意义的定中短语才能够形成“的”字短语。例如：

勇敢的士兵。→＊勇敢的

他是勇敢的士兵。→＊他是勇敢的（意思有变化）

区别词带上“的”也可以构成“的”字短语。例如：

这家厂是**民营的**。　　　**简装的**不好，我要**精装的**。

“的”字短语相当于名词性短语，主要充当主语和宾语。例如：

打扫卫生的请迅速到教室集中。　　大的太大，小的太小，都不合适。

我最讨厌偷东西的。　　　　　　　他们都是（一些）干苦力的。

特定情况下，“的”字短语还可以用作谓语。例如：

姐姐红色的，妹妹蓝色的。（父母分配带颜色的东西）

床木头的，衣柜压缩板的。（商家介绍家具材质）

“的”字短语一般不充当定语、状语和补语。

（2）比喻短语。

比喻短语就是由某些词语后接比喻助词“一样、一般、似的”等构成的短语，有时候还常常与“像”等搭配使用。例如：星星一样、像星星一样。

图示如下：

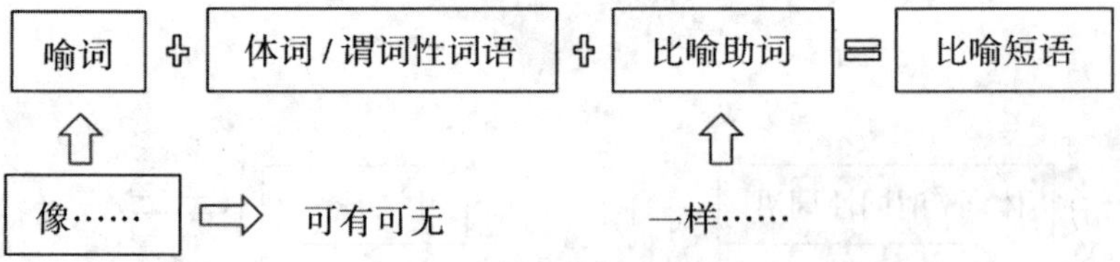

图 4－10　比喻短语构成示意图

比喻短语相当于谓词性短语，一般充当定语、状语、补语和谓语。例如：

他（木头似的）脸上，没有一点生气。

会场上响起了（雷鸣般）的掌声。

他［像老鼠一样］窜了过去。

眼睛［星星般］一眨一眨的。

他［像丢了魂似的］窜来窜去。

他高兴得<像小孩似的>。

她瘦得<像芦柴棒一样>。

下大雨了，同学们落汤鸡似的。

好什么呀！他木头一样。

比喻短语的层次分析。例如：

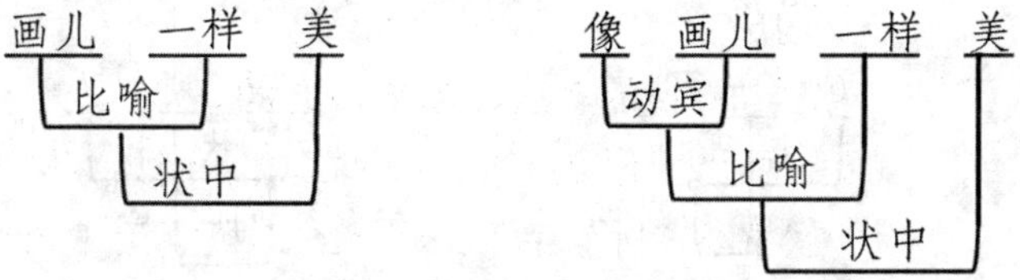

（3）“所”字短语。

“所”字短语就是由“所”连接动词性词语构成的短语。完整的“所”字短语构成如下：

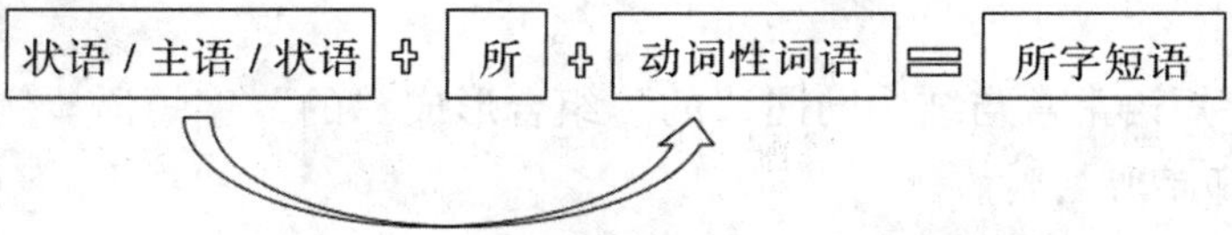

图 4 – 11　“所”字短语构成示意图

例如：

所见

她所见

亲眼所见

她亲眼所见

当时她亲眼所见

“所”字短语还经常与介词“为、被”配对使用，形成“被/为……所”结构。例如：被美军所包围、为实践所证明。

“所”字短语属于谓词性短语①，具有谓词的一些功能与特点，主要充当定语与谓语。例如：

（所听到）的事情就有这些。

（她昨天所说）的话我不会计较。

他［被世人］所唾弃。

婴儿［为父母］所遗弃。

“所”字短语的层次分析比较复杂。例如②：

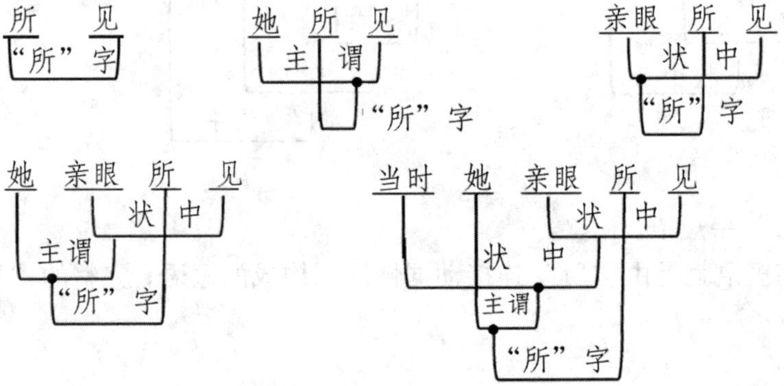

“所”字短语常常与结构助词“的”组合形成“的”字短语。例如：

他那年所见到的。

其层次分析如下：

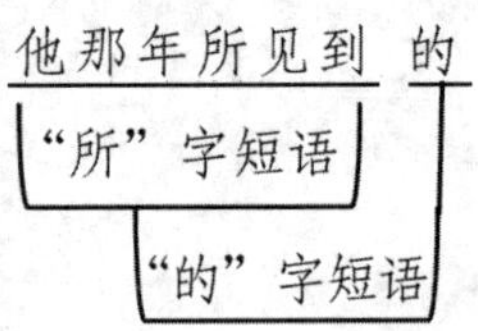

① 有人认为“所”字短语是名词性短语，但由于它不能充当主语与宾语，所以我们认为，将其归入名词性短语不太合适。

② 例中层次分析图示里的圆点表示相连接。

第四节　语气词

一、语气词的意义和种类

语气词就是表示语气的词。语气主要有陈述语气、疑问语气、祈使语气和感叹语气四种，并因此而分为陈述句、疑问句、祈使句和感叹句。语气词主要用于句子的末尾，也可以用于句中，用于句中兼表停顿。例如：

你要去超市买东西**吗**？　　　你们**哪**，真不让人省心。

根据语气的不同，语气词可以分为陈述语气词、疑问语气词、祈使语气词和感叹语气词四种。

（1）陈述语气词，表示陈述的语气。例如：

的　了　吧　呢　啊　嘛　呗　罢了　也罢　也好　啦

（2）疑问语气词，表示疑问的语气。例如：

吗　呢　吧　啊

（3）祈使语气词，表示祈使的语气。例如：

吧　了　啊

（4）感叹语气词，表示感叹的语气。例如：

啊

普通话中最常用的语气词只有六个：的、了、呢、吗、吧、啊。其他的语气词使用不多，有的在不同的地区使用，有的语气词实际上是其他语气词的合音。例如：啦 = 了 + 啊。基本语气词的主要用法有：

（1）“的”，用于陈述句的末尾，表示肯定的语气。例如：

这事儿我是知道**的**。　　　门关着**的**。

（2）“了”，用于陈述句和祈使句的末尾，表示出现的新情况，起到成句结尾的作用。例如：

下雨**了**。　　　终于见着歌星**了**。

我知道你的意思**了**。　　　不要老是讲他**了**。

（3）“呢”，用在句中表示停顿，用于陈述句末尾表示一种确认，用于疑问句末尾表示提醒或深究。例如：

现今**呢**，大家的日子比以前好过多了。（停顿）

外面有人找你**呢**。(确认)

你吃得真不少**呢**。(确认)

你是逛街**呢**，还是看电影**呢**?(提醒)

他们都有事儿干，我**呢**?(提醒)

(4)“吧”，用于祈使句末尾，表示舒缓的语气；用于陈述句末尾，表示不确定的语气；用于疑问句末尾，表示揣测的语气。例如：

我们去看看孩子**吧**。(舒缓)

他不会来了**吧**。(不确定)

他走了**吧**?(揣测)

(5)“吗”，用于疑问句末尾，表示疑问或反问。例如：

你去南京**吗**?(疑问)

这样做你难道不知道是错的**吗**?(反问)

(6)“啊”，在语流中语气词“啊”受前一字读音的影响，其规范的读音和写法都有所不同。具体说明如下[①]：

①韵腹或韵尾是 ɑ、o、e、i、ü 的，读 yɑ，规范写作“呀”。例如：

来呀　唱歌呀　婆婆呀　野鸭呀

②韵腹或韵尾是 u 的，读 wɑ，规范写作“哇”。例如：

好大一个湖哇　快走哇

③韵尾是 n 的，加 ɑ 音，读 nɑ，规范写作“哪”。例如：

这道题太难哪，我做不了。

④韵尾是 ng 的，加 ɑ 音，读 ngɑ，规范写作“啊”。例如：

给你打针，别动啊。

⑤韵母是 -i [ɿ] 的，加 ɑ 音，读 [ZA][②]，规范写作“啊”。例如：

你在写字啊。

⑥韵母是 -i [ʅ]、er 的，加 ɑ 音，读 rɑ，规范写作“啊”。例如：

饭要凉了，快吃啊。

儿啊，妈妈希望你好好学习。

语气词“啊”用于感叹句末尾，可增强语气；用于祈使句末尾，有提醒的意味；用于陈述句末尾，可增加感情色彩；用于疑问句末尾；表示舒缓语气，用于句中表示停顿，引起注意。例如：

---

① 详细情况参见相关的普通话著作。

② [z] 是舌尖前、浊、擦音，汉语拼音没有此音的符号。

多么好的人哪！（感叹句，增强语气）
别告诉他呀。（祈使句，提醒）
你说得是啊。（陈述句，增加感情色彩）
这么晚了，你还走不走哇？（疑问句，舒缓语气）
看哪，绿油油的庄稼。（句中停顿）

另外，语气词还有“也好、也罢、的话、着呢、而已、罢了、就是了”等。例如：

说说而已，不用担心。（仅此而已）
你要来的话，就坐飞机吧。（假设）
小两口好着呢！（程度深）
去看看罢了，不要耽误太久的时间。（仅此而已）
告诉她也好，免得她误会。（容忍，无可奈何）
你通知他们就是了，我不再通知了。（肯定）
来了也罢，反正早晚要见他们的。（容忍，只得如此）

二、语气词的语法特征

1. 语气词附着性强

语气词不能单用，也不单独充当句法成分，也不构成某种短语。它附着性特别强，一定要依附在句子末尾或者句中词语后面表示语气。例如：

你［还］想去看电影**吗**？（句末）
你**呀**，［总是］改＜不了＞（自己）的（坏）毛病。（句中）

2. 语气词和表达的语气并非一一对应

语气词和表达的语气之间不是一对一的关系，一个语气词可以表达多种语气，一种语气也可以用不同的语气词表达。

（1）表示舒缓语气。例如：
吧：你快回来吧！
呀：你不回来呀？

（2）表示句中停顿。例如：
哪：同学们哪，马上就要高考了，努力吧！
呢：目前呢，销售形势还不错。

（3）表示提醒语气。例如：
呢：你们出去玩儿，小马呢？
哇：他怎么办？让他回学校哇？

3. 语气词连用

语气词可以连用，但是，连用的时候，各自保留自己原来的语气，只是前面一个的语气略微减弱，重点在最后一个语气词上。例如：

告诉人家**了**。（新情况出现，既成事实）

告诉人家**了吧**？（既成事实，但是重点是表示揣测）

他会来上班**的**。（肯定）

他会来上班**的吗**？（肯定语气减弱，疑问语气增加）

再如：

领导已经决定**的了**。（肯定 + 事实已然）

我还想再工作几年**的呢**！（肯定 + 确认）

说好**的吧**，怎么又变了？（肯定 + 不确定）

已经说清楚**的呀**，还要说什么？（肯定 + 不高兴）

语气词连用还有“了的、了呢、了吧、了吗、了啊”等。

三、语气词与其他词类的区分

1. 语气词“的”与结构助词“的”

“的”既可以充当语气词，又可以充当结构助词，二者存在一个区分的问题。一般来讲，语气词处于句子末尾，即使处于句中也有停顿标记，所以句中的语气词很容易识别。例如：他们呢，还有一些问题。而且“的”作为语气词基本上都处于句末。

结构助词“的”可以处于句中，也可以处于句末，因此，处于句中且无停顿标记的一定是结构助词。例如：

你**的**书还要吗？（句中，结构助词）

太便宜**的**不能买。（句中，结构助词）

真正需要分辨的是处于句末的“的”。图示如下：

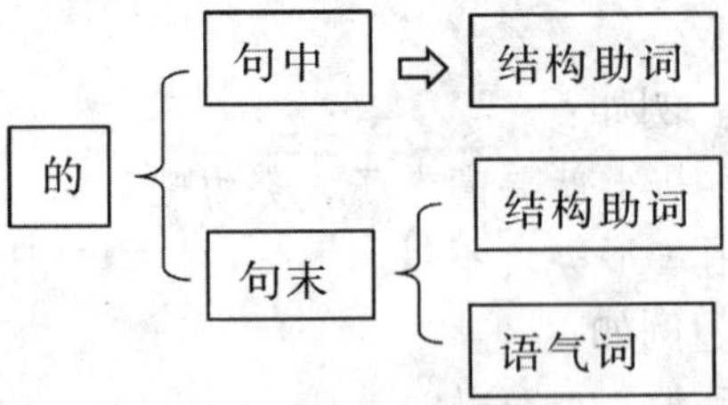

图 4－12 “的”结构助词与语气词区别示意图

（1）中心补充法。

如果句末“的”是结构助词，就是“的”字短语，具有指称作用，它是由定中短语省掉中心成分形成的，因此，“的”字短语可以补充出中心成分。据此，我们可以看“的”字后是否可以补充出中心成分，能够补充的是结构助词，否则是语气词。例如：

送给学校的→送给学校的**书**（结构助词）
这是特别要强调的→这是特别要强调的**事情**（结构助词）
他一定会来学校的→＊他一定会来学校的……（语气词）
他还想住一些时间的→＊他还想住一些时间的……（语气词）
我们是一定会胜利的→＊我们是一定会胜利的……（语气词）
她是我的→她是我的**朋友**（结构助词）
我们是会再见面的→＊我们是会再见面的……（语气词）
她的对象是开车的→她的对象是开车的**司机**（结构助词）
她躺着的→＊她躺着的……（语气词）
他是不会同意的→＊他是不会同意的……（语气词）
书包是小杨的→书包是小杨的**书包**（结构助词）

（2）“的”字删除法。

“的”如果是语气词且位于句末，则表达肯定的语气，对句义没有影响，因此可以删除。据此，我们可以以“的”字是否可以删除来判断，能够删除的是语气词，不能够删除的是结构助词。例如：

送给学校**的**→＊送给学校（意义改变，结构助词）
这是特别要强调**的**→＊这是特别要强调（意义改变，结构助词）
门开着**的**→门开着（语气词）
他一定会来学校**的**→他一定会来学校（语气词）
他还想住一些时间**的**→他还想住一些时间（语气词）
我们是一定会胜利**的**→我们是一定会胜利（语气词）
她是我**的**→＊她是我（意义改变，结构助词）
我们是会再见面**的**→我们是会再见面（语气词）
她的对象是开车**的**→＊她的对象是开车（意义改变，结构助词）
她躺着**的**→她躺着（语气词）
他是不会同意**的**→他是不会同意（语气词）
书包是小杨**的**→＊书包是小杨（意义改变，结构助词）

“是……的”中“的”的判断方法与此相同，需要说明的是，如果其中

“的”是语气词，那么“是”为副词；如果“的”是结构助词，那么“是”为动词。例如：

那是小杨的→

那是小杨的**书**（可以补出中心语）

*那是小杨（“的”不能删除，其中“的”为结构助词，“是”为动词）

“是”的词性不同，相应的句法成分分析也就不同。例如：

那是小杨的。（“的”字短语充当宾语）

那样处理［是］［很］恰当的。

2. 语气词“了”与时态助词“了”

“了”既可以充当语气词，又可以充当时态助词，二者也存在着难以区分的问题。一般来讲，“了”作为语气词基本上都处于句末，作为时态助词既可以处于句中，也可以处于句末。因此，处于句中的一定是时态助词。例如：

他吃**了**很多东西。（句中，时态助词）

玫瑰花已经开**了**一段时间。（句中，时态助词）

真正需要判断的是处于句末的“了”。图示如下：

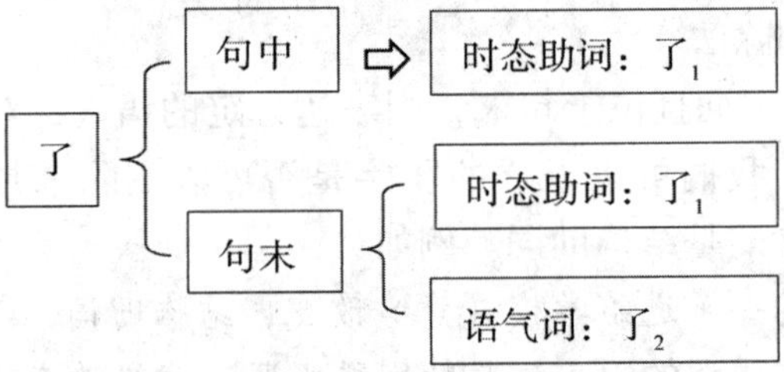

图 4-13 “了”作时态助词与语气词区别示意图

句末“了”如果处于名词性词语后，则为语气词“了$_2$”；如果直接处于形容词和动词后，则兼属语气词“了$_2$”和时态助词“了$_1$”，具有歧义。例如：

小姑娘漂亮了。（了$_1$ + 了$_2$）

他喝酒了。（了$_2$）

他吃过了。（过，时态助词，了$_2$）

他去北京了。（了$_2$）

他睡了。（了$_1$ + 了$_2$）

我吃了$_1$饭了$_2$。

锁了$_1$门了$_2$。

第五章　特殊词类

第一节　拟声词

一、拟声词的意义和种类

拟声词就是模拟声音的词，又称为象声词。“拟”有模拟、模仿的意思。人类对自然界的声音不可能模仿得完全一样，所以用“拟声词”更好一些。既然是模拟自然界的声音，那么不同的人可能模仿的相似度不同，因此，同一种声音可能用不同的拟声词表达。例如：开门的声音，有人用“嘎吱地响”，也有人用“叽嘎地响”。再比如枪声，有人用“啪啪，两声枪响”，也有人用“哒哒，两声枪响”。

拟声词可以从不同角度进行分类。①

1. 单音节拟声词与多音节拟声词

（1）单音节拟声词。

例如：

砰　哗　唰　嘀　咚　嘟　咕　咣　轰　呼　叽　呜

咔　喵　咩　啪　嘭　哈　咝　嗖　噔　哇　嗡　吱

（2）多音节拟声词。

多音节拟声词分为双音节拟声词、三音节拟声词、四音节拟声词等。例如：

双音节拟声词

哎呀　叮咚　叮当　扑通　咕咚　咕噜　哇啦

吱嘎　吧唧　乒乓　咔嚓　哗啦　轰隆　哐当

① 哈森．论现代汉语拟声词［J］．内蒙古师范大学学报，2002（5）：21～25．

三音节拟声词

噗噜噜

四音节拟声词

丁零当啷　叽里呱啦

噼里啪啦　唧哩喳啦

单音节拟声词与双音节拟声词数量比较多，三音节以上的拟声词则比较少。下面是储泰松先生对《现代汉语词典》第五版所统计的数据[①]：

拟声词音节构成表

	单音节	双音节	三音节	四音节	总数
数量（个）	83	149	2	15	249
百分比（%）	33	60	1	6	100

2. 拟人拟声词与拟物拟声词

（1）拟人拟声词。

拟人拟声词就是模拟人声的拟声词。例如：

叽叽喳喳　唧哝　唧里咕噜　吧唧　叽里呱啦

（2）拟物拟声词。

拟物拟声词有的是模拟动物的，有的是模拟其他事物的。模拟动物的拟声词：

汪汪　喵喵　哞哞　咩咩　喔喔　咕咕　吱吱　唧唧　啾啾

模拟其他事物的拟声词：

轰　扑通　咚　哗　砰　唰　嘀　咣　呜　啪　嘭　吱

丁冬丁当　吱嘎　丁零当啷　噼里啪啦

3. 形容词性拟声词与动词性拟声词

形容词性拟声词就是具有形容词特征的拟声词。例如：

呜呜　哗哗　唉哟　哎呀　哇哇

动词性拟声词就是具有动词特征的拟声词。例如：

吱嘎　咕噜

① 储泰松．普通话拟声词的语音规律及其例外［J］．安徽师范大学学报，2012（1）：107～112.

二、拟声词的语法特征

1. 拟声词的重叠现象

部分拟声词可以重叠，使模拟的声音更加逼真。张丽丽、刘闻笛专门就此进行了讨论。[①] 例如：

（1）A→AA→AAA→AAAA……

单音节拟声词基本上都可以重叠，重叠以两次最为普遍，在实际应用中，有的还可以根据需要多次重叠。例如：

啪啪　噔噔　咚咚　嘟嘟　嘎嘎　咕咕　咣咣

啪啪啪　咚咚咚　唰唰唰

例如：

紧接着咚咚咚，当当当，周围十几个村子的锣鼓声响成一片。（李晓明《平原枪声》）

嘎嘎嘎嘎，鬼子的机关枪响了，年轻人倒在人群中。（李晓明《平原枪声》）

门外走廊上传来一种快而碎的脚步声，“嚓嚓嚓嚓嚓……”（白桦《淡出》）

（2）AB→ABAB→或 AABB→或 ABB→或 AAB。

ABAB

扑通扑通　叮当叮当　咕咚咕咚　呼噜呼噜

AABB

叮叮当当　嘀嘀嗒嗒　叮叮咚咚

ABB

轰隆隆　哗啦啦　咯噔噔　咕咚咚　呼噜噜　咔嚓嚓

AAB

滴滴答　叮叮当　叮叮咚

---

① 张丽丽，刘闻笛．现代汉语拟声词的重叠用法［J］．河北科技师范学院学报，2013（4）：69～73．

例如：

井里的水咕咚咕咚地冒出来。

时钟在嘀嘀嗒嗒地走着。

在这里可以听见轰隆隆的炮声。

铁匠铺昨晚叮叮当当响了一整夜。

（3）其他。

哗哗哗啦啦啦　乒乒乓乓乓　嘀嗒嘀嘀嗒

呼噜噜噜　轰隆隆隆　呼啦啦啦　哗啦啦啦

例如：

奶奶听到风吹高粱，哗哗哗啦啦啦，一浪赶着一浪，响到远方。（莫言《红高粱家族》）

她乒乒乓乓乓地撞进柜台里面，佩上围裙，戴上袖套。（苏童《另一种妇女生活》）

又哼起了“可爱的一朵玫瑰花，嘀嗒嘀嘀嗒……”（刘安琪《可爱的一朵玫瑰花》）

全海见他又是收，又是扫，忙成一团，也不好再发作，就端起碗“呼噜噜噜”吃起饭来。（高有为《〈矿山主人〉节录》）

然后霹雳追随而至，呼啦啦啦连绵不尽，如心不禁掩上双耳。（亦舒《红尘》）

2. 拟声词充当的语法成分

拟声词可以充当状语、定语、补语、谓语以及独立语等多种句法成分，最主要的功能还是充当状语，并且需带上状语标记“地”。例如：

（哗啦啦）的大雨下个不停。

从远处不停地传来（叮当）的敲打声。

（喵喵）的声音从门外传来。

孩子［呜呜］地哭起来。

溪水在山涧里［哗哗］地流着。

他太累了，睡得<呼哧呼哧>的。

太辣了，他被辣得<呼呼>的。

孩子哭得<稀里哗啦>的。

她们笑得<哈哈>的。

充当谓语时有时还要带上时态助词“着、了”。例如：

他一直咕噜着，不知道讲什么。

这锅粥还得再咕嘟咕嘟。

炮声轰隆了一阵。

她俩嘀咕了好长时间了。

啪啪，远处传来阵阵枪声。（独立语）

呜！火车开过来了。（独词句）

最后要说明的是，拟声词在实际应用中写法不规范，同一个词有不同的写法，亟待规范统一。例如：

嘀嗒—滴答　嘀嘀嗒嗒—滴滴答答　　噼里啪啦—劈里啪啦

咕唧—咕叽　叽叽喳喳—唧唧喳喳

第二节　叹词

一、叹词的意义和种类

叹词就是表示人感叹、呼唤和应答的词。它可以分为感叹类叹词和呼应类叹词，感叹类叹词跟情感情绪有关，在叹词中占绝大多数，呼应类叹词主要用于呼喊和应答，数量极少。

1. 叹词的分类

（1）感叹类叹词。

啊　哦　噢　哈　哇　哼　呸　嚇　喔　哎

啊呀　哎呀　嗨呀　喔哟　哎哟　唷　哟嗨

举例说明如下：

哎哟，你怎么把碗打坏了！（惋惜）

哼，你有什么了不起！（不屑）

啊，他死了！（惊讶）

呸，你这不要脸的！（鄙视）

（2）呼应类叹词。

嗨　哎　欸　喂　嗯　唔　嘿

举例说明如下：

哎，知道了。（答应）　　欸，你快来。（招呼）

嗨，帅哥你好！（招呼）　　嗯，就这么办。（应答）

当然，这种划分是相对的，有的叹词既可以表示感叹，又可以表示应答。例如：

小黄，吃饭了。——哦，我知道了。(应答)

哦，我知道怎么解这道题了。(恍然大悟)

2. 叹词的意义

叹词具有表义作用，主要如下：

(1) 表示赞叹，且有喜爱的色彩。例如：

哇，好漂亮的花呀！　　哦，这景色太迷人啦！

(2) 表示无奈，且带有忧愁的情绪。例如：

哎呀，已经无路可走了。　　唉，我又输了。

(3) 表示惊讶，多半是意外事件。例如：

啊，都这个时候了，你还在加班哪！　哇，你竟然这么快就写好作文了！

(4) 表示提醒、醒悟。例如：

噢，我想起在哪儿见过你了。　　嘿，我们该走了，别再聊了。

(5) 表示鄙视，多半表达一种不满。例如：

哼，你这臭不要脸的东西！　　呸，我恨你！

(6) 表示招呼或应答。例如：

喂，请问学校办公室在哪里？　明天开会知道了吗？——嗯，知道了。

3. 叹词的不稳定性

叹词很不稳定，在字形、字音和字义等方面存在不规范的情况，具体如下①：

(1) 同一个词表达多个意义。例如：

嗯

表示疑问：嗯，怎么回事？

表示意外：嗯，你不是去湛江了吗？

表示应答：小肖你过来。——嗯。

(2) 同一个词有多种读音。例如：

哦 (ó)，表示惊奇：哦，这么漂亮的景色！

哦 (ò)，表示醒悟：哦，我知道错在哪里了。

(3) 同一个意义可以用不同词表达。例如表示惊讶：

啊，下雨了，太好了！　　嗬，你发奖金啦！

---

① 姚锡远. 现代汉语叹词研究 [J]. 河南大学学报，1996 (4)：60 ~ 63.

咳，真是你呀！　　　　　　　咦，怎么会是你呢？

嘎，原来是你呀！　　　　　　哎呀，原来他们说的就是你呀！

二、叹词的语法特征

1. 叹词具有独立性

叹词的独立性很强，可以充当感叹语，单独成句，还可以处于句首、句末和句中。例如：

噢，我懂了。（了解）　　　　哎呀！好大一条蛇！（可怕）

你这不要脸的东西，呸！（憎恶）她这样的人，哼，我见多啦！（鄙视）

哎，这也是没有办法的办法呀！（无奈）

2. 叹词充当的语法成分

叹词主要充当定语、状语，特定情况下可以充当谓语。例如：

只听见后面（哎哟）的一声，他摔跤了。

电话里传来（喂喂）的声音，其他什么也听不清楚了。

老大［哼哼］地冷笑着，像是要吃人的样子。

产妇［哎哟哎哟］地叫着，痛苦万分。

他一直哎呀着，叹息命运的不公。

你别哎哟哎哟的，烦死了！

叹词构成的短语可以充当补语。例如：

打得<他哎哟地叫唤>。

3. 叹词的重叠现象

部分叹词可以连用与重叠，叹词连用表示程度加深。例如：

哦，哦，哦，我怎么没有想到这个方法呢！

哈哈哈哈，我知道你想要干什么啦！

呸！呸！呸！你咋胡乱说！

喂，喂，喂，我叫你呢！听不见！

嗨，嗨，你们好！

哎呀哎呀，我的妈呀，吓死我了！

第六章　余论

第一节　词性的判断与识别

一、名词、动词与形容词的分辨

1．充当句法成分的情况

表6－1　名词、动词与形容词句法成分表①

成分	名词	动词	形容词
主语、宾语	+	±	±
谓语	±	+	+
定语	±	±	+
状语	±	±	±
补语	－	±	±

① 说明：+，所有词原则上必须充当该成分；±，部分词充当该成分；－，所有词原则上不充当该成分。

2. 组合能力

表 6－2　名词、动词与形容词组合能力表①

步骤	检验	名词	动词			形容词	
			心理动词	能愿动词	一般动词	性质形容词	状态形容词
第一步	意义			+			+
第二步	不＋～	－	+		+	+	
第三步	很＋～		+		－	+	
第四步	很＋～＋宾语		+			－	

第一步是从意义上把能愿动词与状态形容词提取出来，也就是说，这两类词从意义上就可以识别出来，一方面它们在意义上各有特点，另一方面，这两类词的数量也很少，不需要采用语法框架来区别。

第二步，通过前面加“不”把名词从动词与形容词中识别出来。例如：

＊不飞机　不打击　不喜欢　不友好

＊不书籍　不讨论　不热爱　不善良

因此，“飞机、书籍”是名词。

第三步，通过前面加“很”把一般动词从心理动词与形容词中区别开来。例如：

＊很打击　很喜欢　很友好　　＊很讨论　很热爱　很善良

因此，“打击、讨论”是一般动词。

第四步，通过前面加“很”，后面加带宾语框架，把心理动词与形容词区别开来。例如：

很喜欢她　＊很友好她→她很友好

很热爱他　＊很善良他→他很善良

因此，“喜欢、热爱”是心理动词，“友好、善良”是形容词。

二、名词、动词、形容词、副词、区别词的分辨

汉语代词、数词、量词、拟声词、叹词都有明显的特征，比较容易识别，甚

① 说明：＋，表示满足符合该条件；－，表示不满足符合该条件。

至一看就知道是什么词。介词、连词、助词和语气词也有比较明显的特征，而且数量少。因此，汉语词类的判断与识别主要涉及的是名词、动词、形容词、副词和区别词，必须掌握好这五类词的识别。

（1）能够充当主语、谓语、宾语的是名词、动词和形容词，不能充当者是区别词和副词。

（2）只能充当状语的是副词，只能充当定语的是区别词。

（3）名词、动词和形容词的区别参见相关内容。

图示如下：

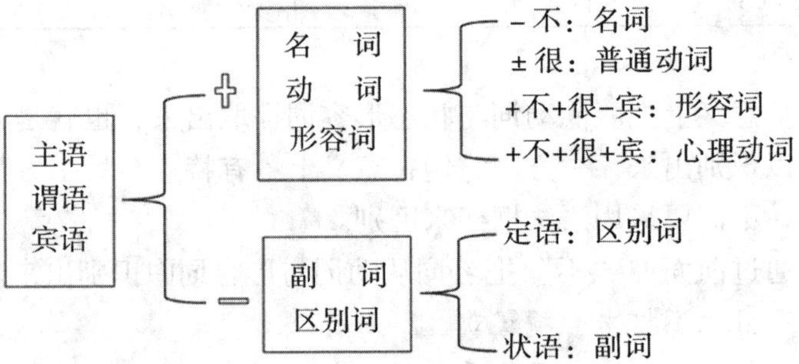

图 6－1　词类区别示意图

需要说明的是，这里列出的分辨名词、动词和形容词的方法只是简要的方法，详细情况参阅第一部分。

下面举例说明：

生活很美好。　　他正在学习。

国企的工资很高。（现行）的规章制度已经很完善了。

他［经常］迟到。　老师并不厌恶他。

“美好、学习、工资”能够充当主语、谓语、宾语，属于形容词、动词和名词。其中，“工资”不能受“不”的修饰，是名词；“美好”能够接受“不、很”的修饰，但是不能够携带宾语，是形容词；“学习”能够接受“不”的修饰，不能够接受“很”的修饰，是普通动词；“厌恶”能够接受“不、很”的修饰，能够携带宾语，是心理动词。

注意具有多种词性的词的判断。例如“附带”：

A. 附带了许多条件。　　B.［附带］说明一下。

A 充当谓语，带宾语，是附加的意思，属于动词。B 充当状语，是顺便的意思，属于副词。表面上看，“附带”是普通动词，不能够充当状语，似乎与 B 矛盾，而实际上，A 与 B 意义不同，不同的意义可能具有不同的词性，语法上并不矛盾。不同的词，如果意义相同，词性必然相同，意义不同，词性可能相同，也可能不同。

再如“投入”：

A. 投入了许多精力。　　B. 工作很投入。

A 句中“投入”充当谓语，带宾语，是放入的意思，属于动词。B 句中“投入”充当谓语，是认真的意思，属于形容词。表面上看，“投入”是普通动词，不能够接受程度副词的修饰，似乎与 B 矛盾，而实际上，B 意义不同，是形容词，能够接受程度副词的修饰，语法上并不矛盾。

第二节　词类系统

一、汉语词类系统

汉语词类的划分至今仍有分歧，各家分类的数目和名称也不完全一样，其原因在于依据的分类标准不同。汉语的词缺少形态标志，因此汉语划分词类的主要依据是语法功能，但是，词的语法功能往往具有相互交错的情况，词类和句法成分之间不具备一一对应的关系。所以，企图将汉语词类采用一种标准划分是不可能的，必须采用多种标准，多层次地进行分类。另外，传统分类都是把汉语的词语分为实词和虚词两大类，而归类的时候又总是存在不如意的地方。在我们看来，从实词和虚词角度分类意义不大，所以，我们主要根据语法功能对汉语词类进行了分类，其结果图示如下：

- 词
  - 特殊词
    - 叹词
    - 拟声词
  - 一般词
    - 成分词
      - 代词
      - 非代词
        - 主干词
          - 体词　名词
          - 谓词
            - 动词
            - 形容词
        - 基本词
          - 组合词
            - 数词
            - 量词
          - 非组合词
            - 区别词
            - 副词
    - 非成分词（辅助词）
      - 短语词
        - 连接词→连词
        - 非连接词
          - 介词
          - 助词
      - 非短语词→语气词

图6－2　词类系统示意图

二、汉语词类系统阐释

叹词和拟声词虽可以充当成分，但是并不具有实在的意义，而且数量极少，与其他词类相比，它们具有特殊性。所以，我们首先将所有词划分为一般词和特殊词两大类。

一般词根据充当句法成分的情况划分为成分词和非成分词，名词、动词、形容词、数词、量词、区别词、副词和代词都能够充当句法成分，属于成分词；连词、助词、介词和语气词不单独充当句法成分，属于非成分词，起辅助作用，我们也称之为辅助词。

从重要性与常用的程度来看，代词应该放在基本词类中，但是代词也能代替名词、动词和形容词，因此，我们首先将成分词分为代词和非代词两类。

根据充当的句法成分以及重要性与常用的程度，可将非代词划分为主干词和基本词两类。名词、动词和形容词能充当主要句法成分，且很常用，属于主干词。根据充当谓语的情况将主干词划分为体词和谓词，谓词又根据组合能力划分为形容词与动词。基本词一般不充当主要句法成分，且常用程度不及主干词，数词、量词、副词和区别词属于此类。根据组合能力将基本词划分为组合词和非组合词两类，数词和量词一般需要构成数量短语才能充当句法成分，所以成为组合词，副词和区别词属于非组合词。依照性质将组合词划分为数词和量词，非组合词根据充当状语与定语的情况划分为副词和区别词。

非成分词划分为短语词和非短语词，介词、连词和助词一般可以构成介词短语、联合短语和助词短语，称为短语词，语气词属于非短语词。短语词根据连接作用划分为连接词和非连接词，连接词即连词，非连接词依照性质划分为介词和助词。

汉语各种词类有其普遍性特征，也有其特殊性的一面，因此，对词类的判断与划分都要二者兼顾，这也正是汉语词法复杂性的表现。

汉语词语还存在兼类问题①，例如名词兼动词“导演、编辑”，形容词兼动词“繁荣、端正”，名词兼形容词“科学、自然”。对汉语词类的判断与划分也需要考虑这种情况。

① 兼类词的条件：①经常具备两种以上的词性。例如：一把锁、锁好门。临时具备的词性属于词类的活用。例如：阿 Q、太阿 Q。②读音要相同。例如：他有理想、工作很理想。读音不同属于不同的词，不是兼类。例如：好 hǎo 和 hào。③词义要有联系。例如：科学的春天、他的设计很科学。词义没有联系，属于同音词，不是兼类词。例如：打毛衣、打今天起。

附录：层次分析[①]

一、层次分析切分的原则

层次分析切分的原则有三个：结构原则、功能原则、意义原则。

1. 结构原则

结构原则就是指切分出来的两个部分各自必须是词或短语。例如：

一个红气球

*一/个红气球（“一”是词，成立；“个红气球”不是短语，不成立）

*一个红/气球（“一个红”不是短语，不成立；“气球”是词，成立）

一个/红气球（“一个”是短语，成立；“红气球”是短语，成立）

2. 功能原则

功能原则就是指切分出来的两个部分之间必须有语法结构关系。例如：

一所学校的老师

*一所/学校的老师（“一所”与“学校的老师”，不符合语法结构关系）

一所学校的/老师（中补关系）

我觉得她会去

*我觉得/她会去（“我觉得”是主谓短语，不能携带宾语“她会去”，二者不构成动宾关系）

我/觉得//她会去（第一层是主谓关系，第二层是动宾关系）

3. 意义原则

意义原则就是指切分出来的各个部分组合之后要符合原意。例如：

我们最知心的同学

① 因为本书涉及层次分析方法，因此在此把它作为附录。层次分析又叫“直接成分分析法”。

＊我们//最知心的/同学（“我们最知心”不符合原意）

我们/最知心的//同学（“我们”的同学，“最知心”的同学，符合原意）

成分分析是：（我们）（最知心）的同学。又如：

我们最喜爱的同学

我们/最喜爱的//同学（“我们最喜爱”的同学，符合原意）

＊我们//最喜爱的/同学（“我们”的同学，“喜爱”的同学，不符合原意）

成分分析是：（我们最喜爱）的同学。

二、层次分析操作的方法

层次分析法是很重要的常用的语法分析方法，很多著作都涉及这种方法，但是都不够具体。我们这里从方法到操作都力求具体，具有可操作性。汉语有它的特殊性，因此，有的分析要特殊处理，希望大家理解和接受。

1．二分法

原则上，层次分析切分出来的每一层都由两部分组成，不能在同一层同时分成三部分以上。例如：

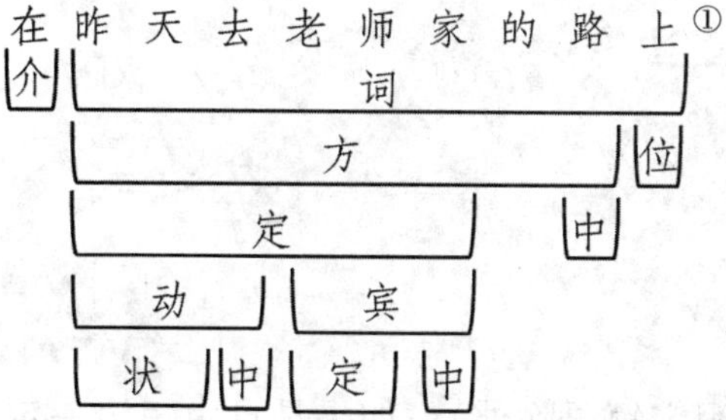

层次分析也有多分的时候，一般来讲仅仅限于三种结构关系的短语：同位短语、连谓短语、联合短语。例如：

① 为了便于制图，特将字的间距拉开。

（1）同位短语。

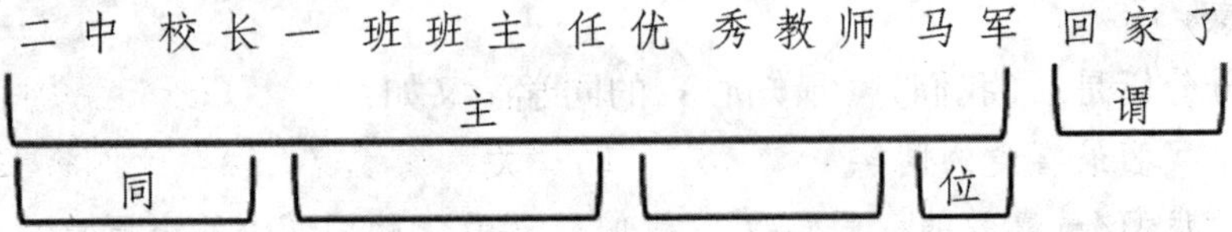

第二层，同位短语由四部分构成。

（2）连谓短语。

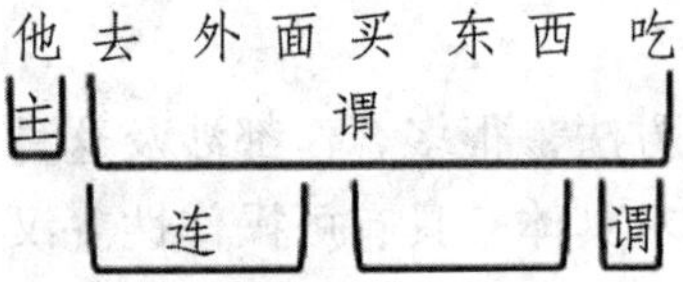

第二层，连谓短语由三部分构成。

（3）联合短语。

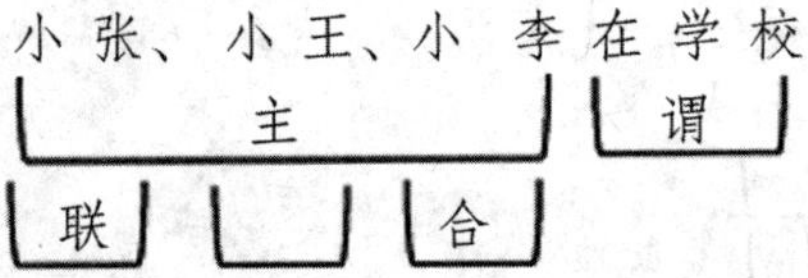

第二层，联合短语由三部分构成。

2. **到词为止**

层次分析一定要分析到词为止（固定短语除外），如果是自由短语一定要坚持这个原则。另外，“着、了、过，的、地、得”几个助词在分析的时候可以不作考虑。例如：

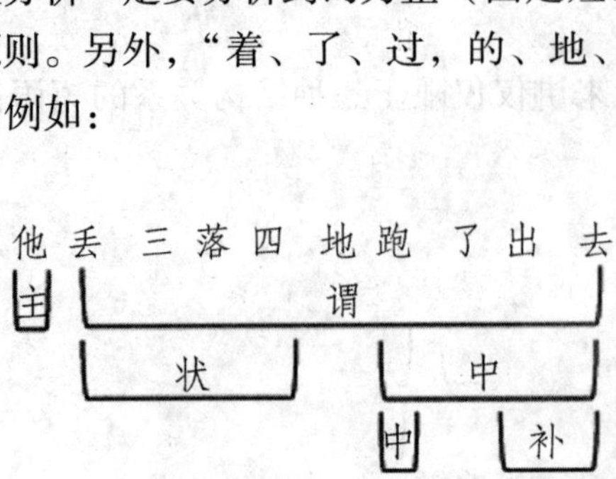

“丢三落四”是固定短语，不用分析到词。

3．基本顺序

层次分析涉及多种语法结构关系，因此需要有一个切分的先后顺序。涉及顺序的关系主要有主谓关系、状中关系、动宾关系和中补关系。这四种关系切分的先后顺序如下：

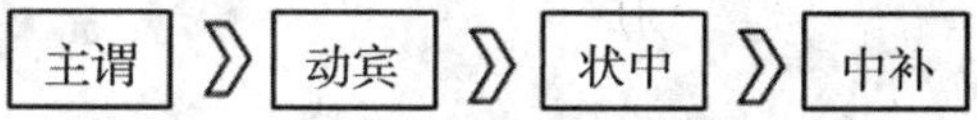

层次分析顺序示意图

例如：

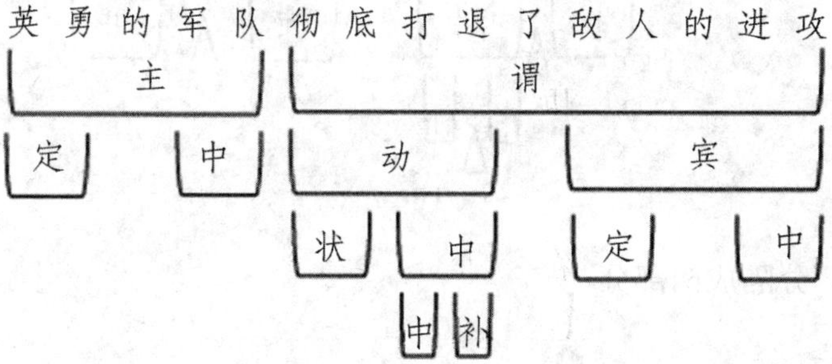

关于动宾关系和状中关系的切分顺序，有的学者主张先切分状中关系后切分动宾关系。但是我们认为，主谓宾是核心成分，所以采取先动宾关系后状中关系的切分顺序。为什么有人会主张先切分状中关系后切分动宾关系呢？主要是基于这类短语。例如“很有一套办法”。“很有”单独使用在语法规则上不成立，只有“有”带上宾语后，才能够接受程度副词“很”的修饰。如果先切分动宾关系后切分状中关系，就会出现“很有”直接组合的情况，因此，为了避免这类情况发生，就采取先状中关系后动宾关系的切分方法。两种处理如下：

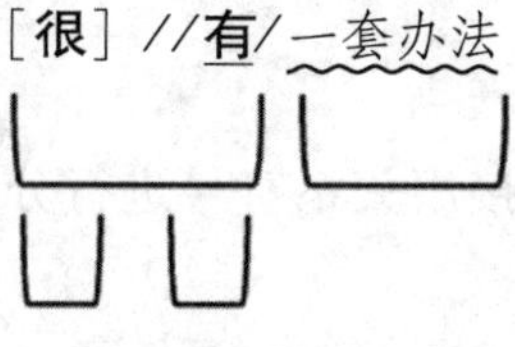

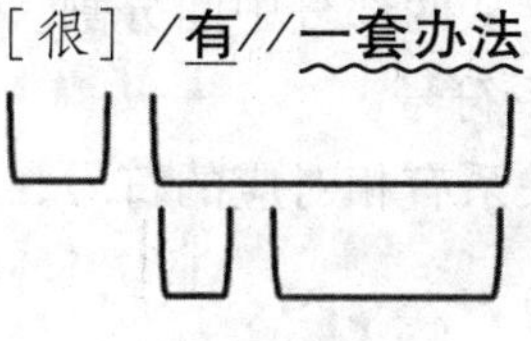

我们认为，这种情况只是少数特例，不能因此而改变基本规则。所以，我们坚持主张先切分动宾关系后切分状中关系。

4. 图示法

（1）切分分隔法。

将短语从哪里切分开，存在分隔表示的方法，主要有两种图示法。例如：

方法一：每个部分用⊔表示

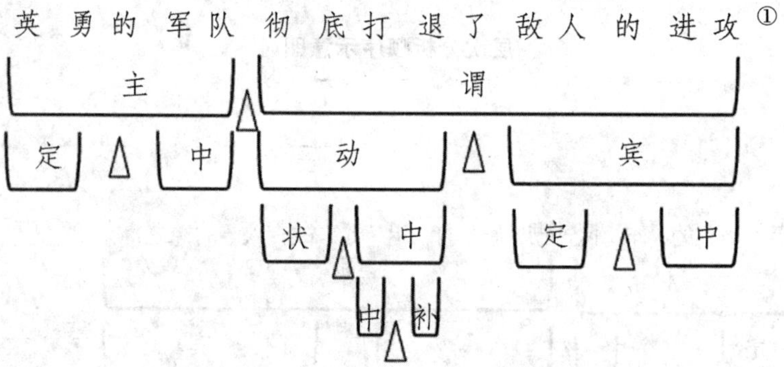

方法二：用 | 分隔成两部分

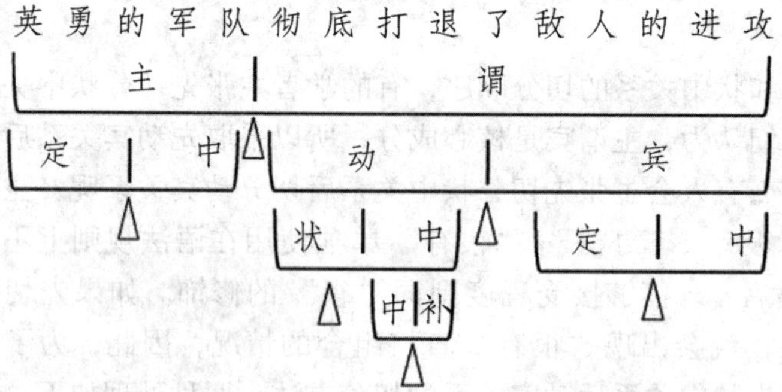

注意：一定要从两部分中间分割。

（2）结构关系符号。

一部分结构关系有相对应的符号，因此可以直接用关系符号进行分隔，同时

① △分隔位置。

提示结构关系，没有符号的仍然书写汉字提示结构关系。主要关系符号如下：

‖，主谓关系　　　　|，动宾关系

+，联合关系　　　　)，定中关系

]，状中关系　　　　>，中补关系

用符号进行分隔仅仅适合方法二。例如：

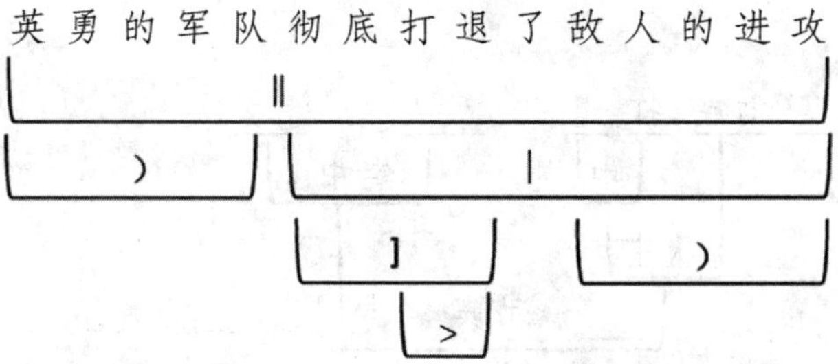

为了简便，我们采用关系符号表示，但是，在一些正规的考试里面建议不使用符号表示，因为不同的教材可能使用的符号不完全一样。

（3）“从大到小”和“从小到大”。

“从大到小”就是从最大一层开始分析，直到最小一层，前面各例都是采用这种方法。“从小到大”就是从最小一层开始分析，直到最大一层，只是这种方法需要把词一个个用下划线勾画出来。例如：

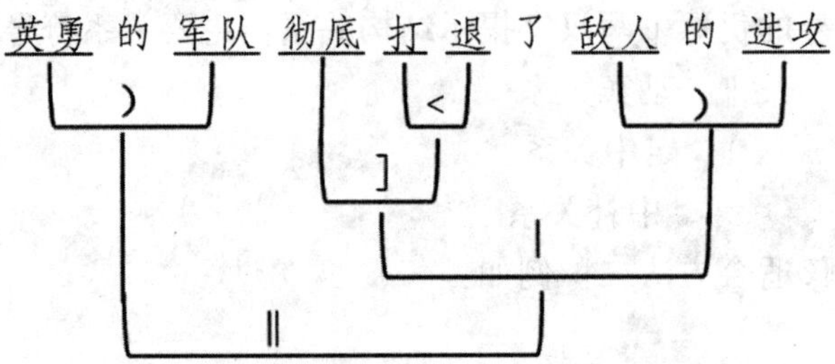

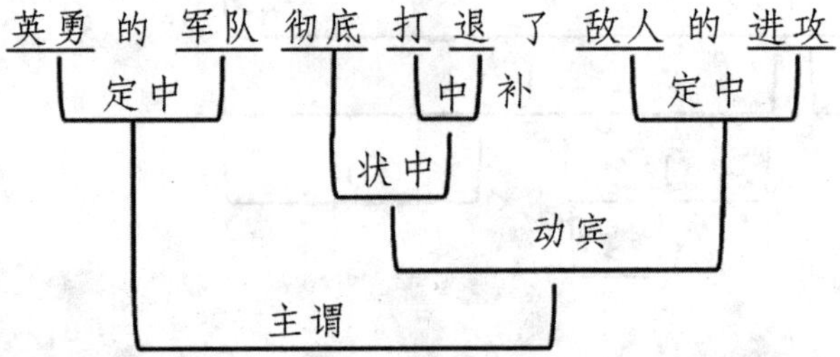

三、层次分析注意的问题

1. 多个定语、状语与补语

(1) 多个定语。例如：

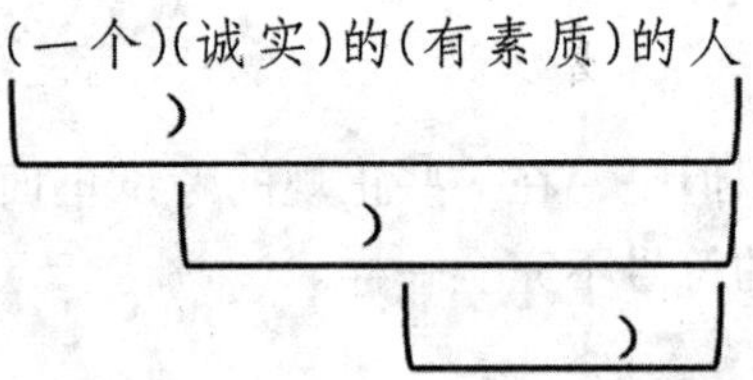

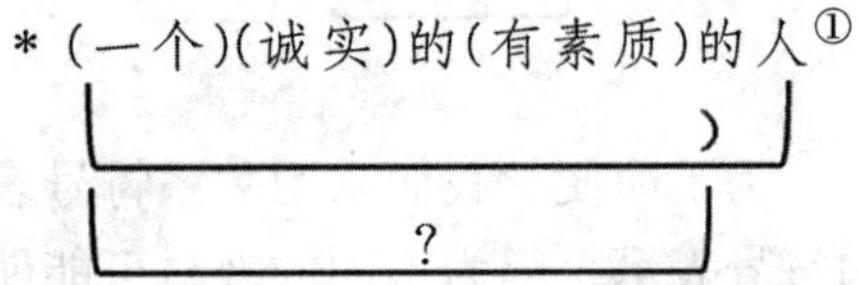

这种分析方法中第二层无法分析，“一个”“诚实”和“有素质”三者之间没有语法关系。

如果是联合关系，就可以如此分析。例如：

① *表示错误的句法分析方式，下同。

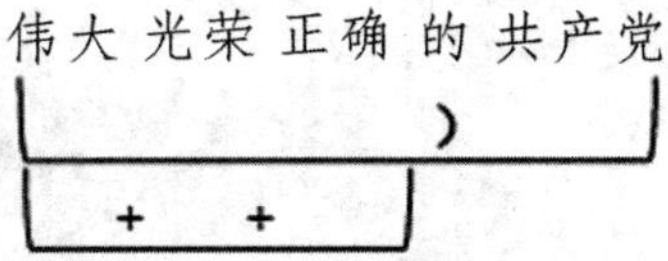

（2）多个状语。例如：

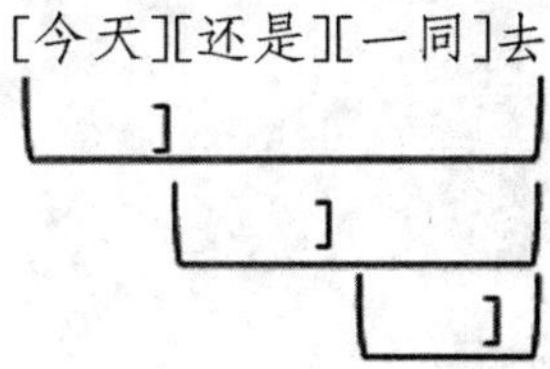

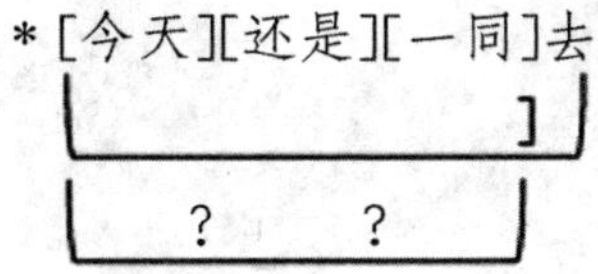

同样，这种分析方法中第二层无法分析，“今天”“还是”和“一同”三者之间没有语法关系。

（3）多个补语。例如：

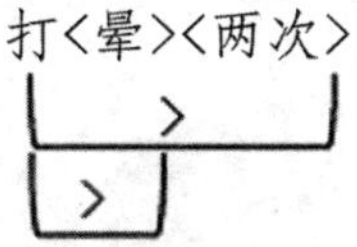

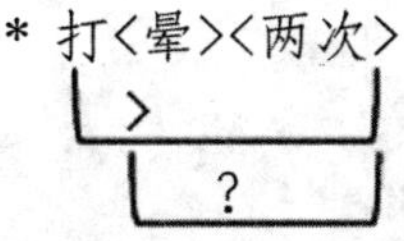

同样，这种分析方法中第二层无法分析，“晕”和“两次”二者之间没有语法关系。

2. 兼语短语

例如：

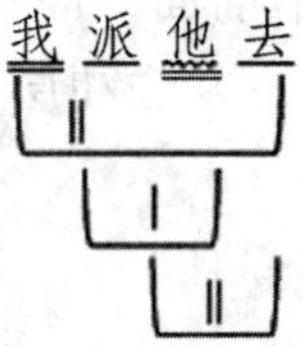

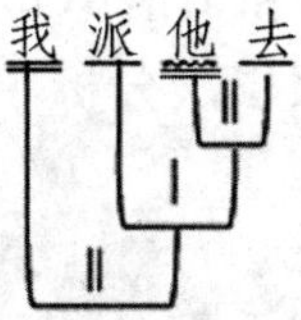

3．带定语的方位短语

例如：

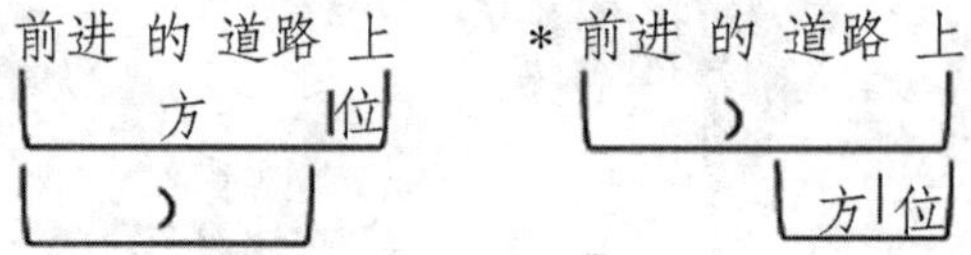

4．双宾语

例如：

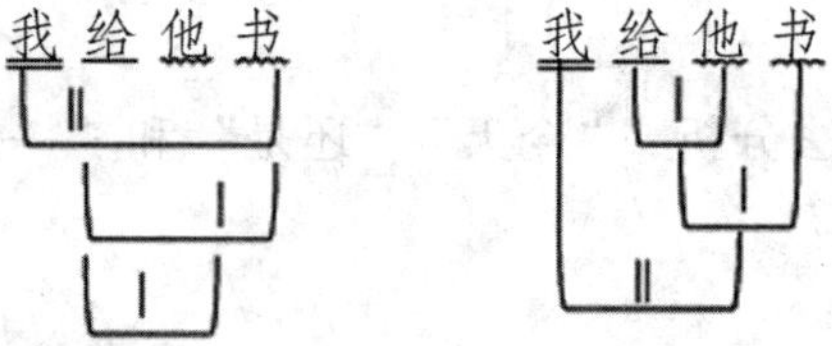

5．介词短语套方位短语

例如：

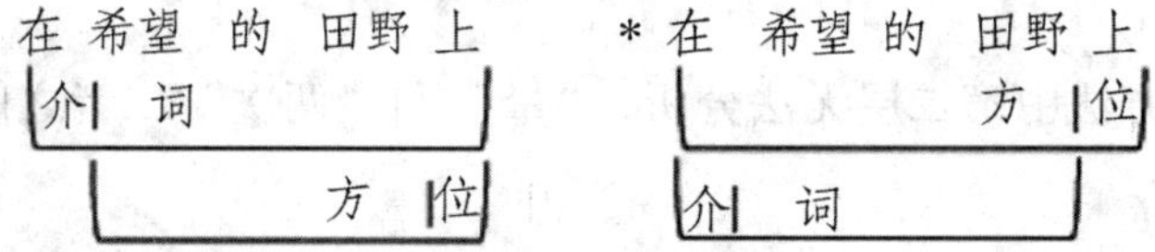

6．主语前状语和宾语后补语

状语有两个位置，一是在主语和谓语中间，二是在主语前面，即句首状语。当状语处在主语前面的时候，按照层次分析“由大到小”的方法和层次分析的顺序则无法划分。例如：

补语主要有两个位置，一是在宾语和谓语中间，二是在宾语后面，当补语处在宾语后面的时候也有这种情况。例如：

这两种情况只能由小到大划分，而且划分的时候还有交叉情况。例如：

试与正常位置比较：

这样才能保证两种位置分析的一致性。

补语还有一种特殊情况，就是夹在双宾语中间。例如：

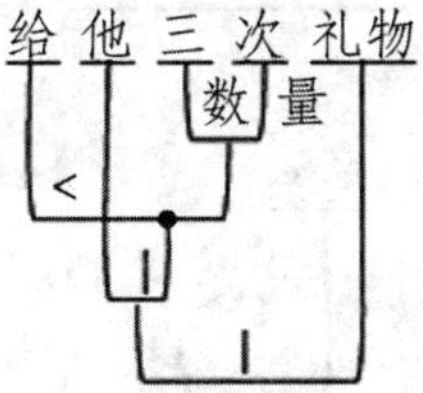

“所”字短语套“的”字短语以及“所”字短语的层次分析参见相关部分内容。

四、综合示例

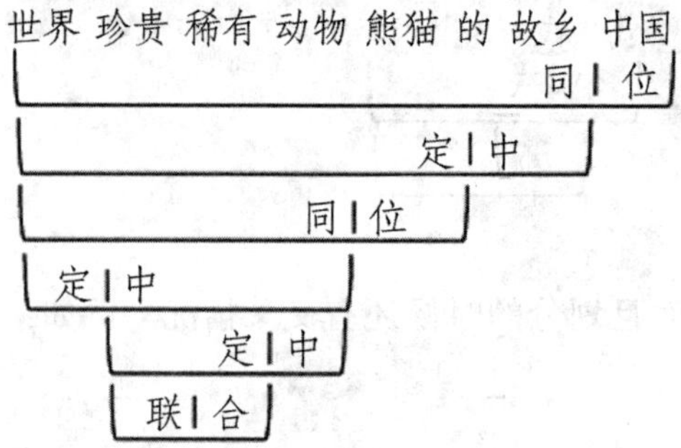
世界 珍贵 稀有 动物 熊猫 的 故乡 中国
同|位
定|中
同|位
定|中
定|中
联|合

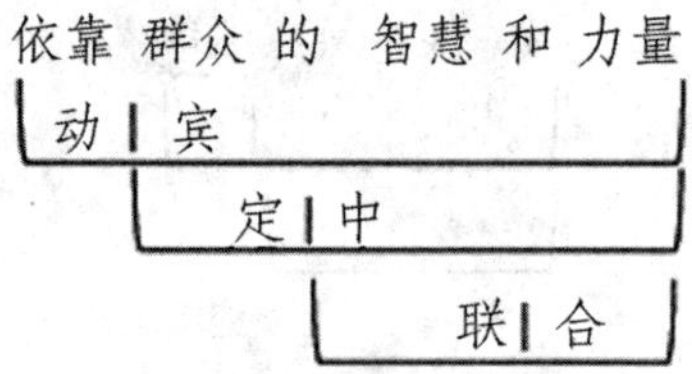
依靠 群众 的 智慧 和 力量
动|宾
定|中
联|合

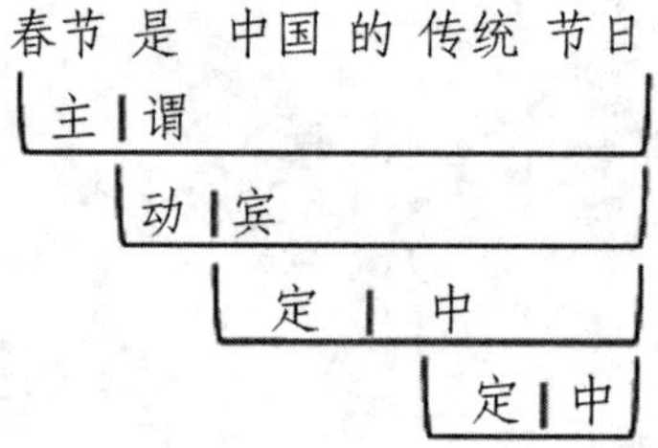
春节 是 中国 的 传统 节日
主|谓
动|宾
定|中
定|中

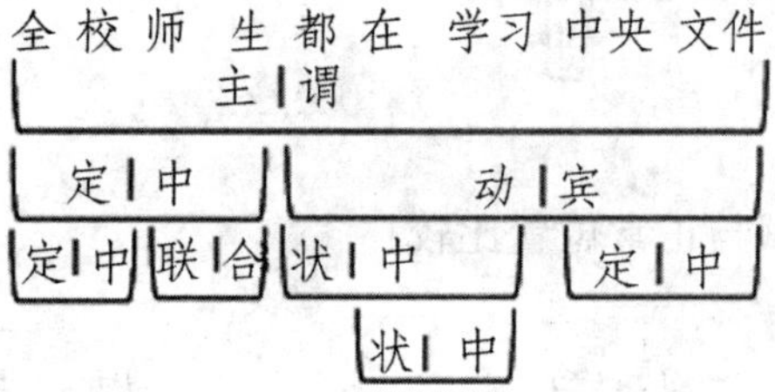
全校 师 生 都 在 学习 中央 文件
主|谓
定|中
动|宾
定|中
联|合
状|中
定|中
状|中

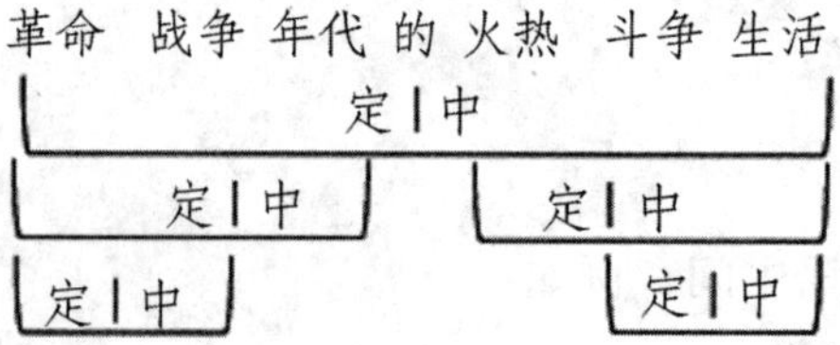
革命 战争 年代 的 火热 斗争 生活
定|中
定|中
定|中
定|中
定|中

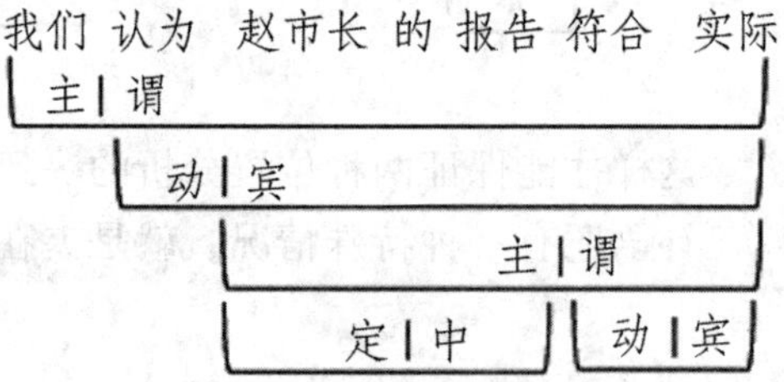
我们 认为 赵市长 的 报告 符合 实际
主|谓
动|宾
主|谓
定|中
动|宾

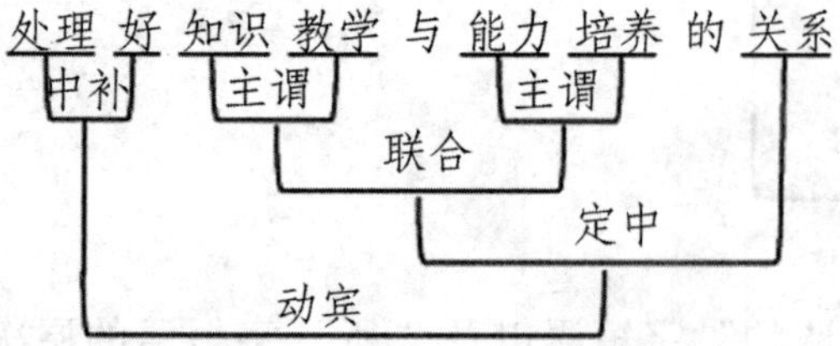
处理 好 知识 教学 与 能力 培养 的 关系
中补
主谓
主谓
联合
定中
动宾

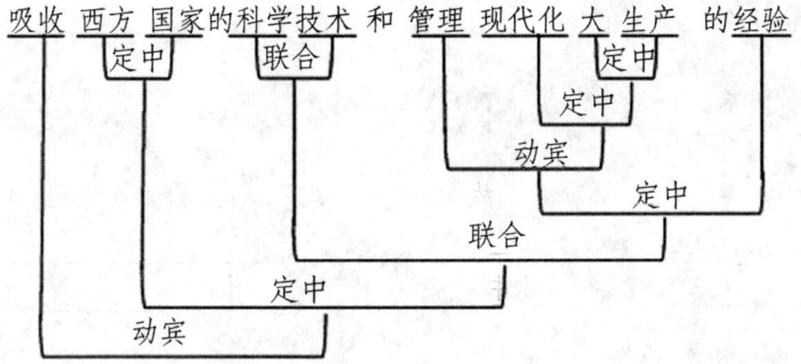
吸收 西方 国家的科学技术 和 管理 现代化 大 生产 的经验
定中
联合
定中
定中
动宾
定中
联合
定中
动宾

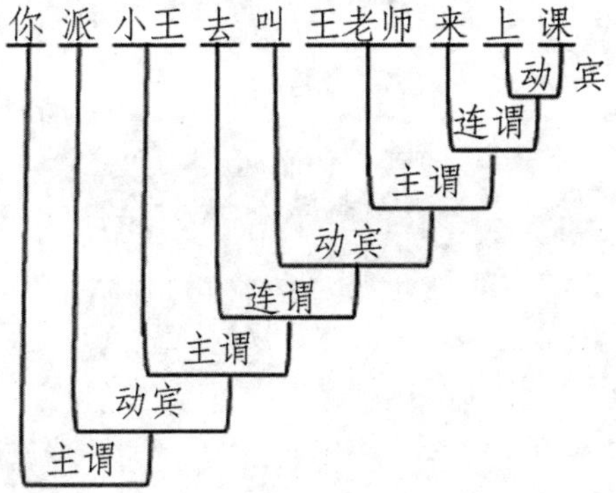
你 派 小王 去 叫 王老师 来 上 课
动 宾
连谓
主谓
动宾
连谓
主谓
动宾
主谓

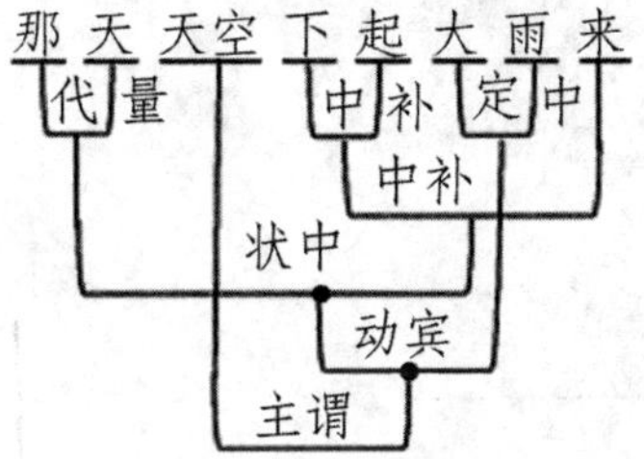
那 天 天空 下 起 大 雨 来
代 量
中 补
定 中
中补
状中
动宾
主谓